MARTIN ZOLLER

Jenseits von Raum und Zeit

GOLDMANN
Lesen erleben

Buch

Wie lebt ein Seher? Wie reist er in raum- und zeitverschobene Dimensionen? Und was erlebt er dort? Martin Zoller ist ein Reisender zwischen den Welten: Im Hologramm des Universums geht er hinter Raum und Zeit, um Informationen für Prophezeiungen zu erhalten oder Kontakte zu Wesen in anderen Dimensionen herzustellen. Anschaulich und spannend berichtet er von seinen ebenso intensiven wie ungewöhnlichen Erfahrungen. Übungen und Techniken helfen dem Leser, seine Intuition zu schulen, seine medialen Potenziale auszubilden und Verbindung zu anderen Realitäten herzustellen.

Autor

Martin Zoller, 1971 in Paris geboren, wuchs in der Schweiz auf und lebt heute in Panama. Bereits als Kind entdeckte er seine hellsichtigen Fähigkeiten. Seitdem arbeitet er als Seher und medialer Berater. Seine Prophezeiungen werden immer wieder in der internationalen Presse veröffentlicht.

Martin Zoller

Jenseits von Raum und Zeit

Wie Sie Ihre übersinnlichen Fähigkeiten entdecken und in andere Dimensionen reisen

GOLDMANN

Der Abdruck des Textes »Die Kraft der Intuition im Einsatz: Bundeswehr und Bauunternehmung« erfolgt mit freundlicher Genehmigung von Thomas.

Der Abdruck des Textes »Mein Universum – Abenteuerreise im Hologramm« erfolgt mit freundlicher Genehmigung der Zeitschrift *Lichtwelle*.

Dieses Buch ist auch als E-Book erhältlich.

MIX
Papier aus verantwortungsvollen Quellen
FSC® C014496
FSC
www.fsc.org

Verlagsgruppe Random House FSC® N001967

3. Auflage
Originalausgabe Oktober 2019

Umschlaggestaltung: UNO Werbeagentur, München
Umschlagmotiv: Lev Savitskiy / getty images
Lektorat: Christina Knüllig, Hamburg
JG · Herstellung: cb
Satz: Uhl + Massopust, Aalen
Druck und Bindung: GGP Media GmbH, Pößneck
Printed in Germany
ISBN 978-3-442-22270-4

www.goldmann-verlag.de

Besuchen Sie den Goldmann Verlag im Netz

Inhalt

Dieses Buch widme ich dir,
meinem lieben Leser!

Prolog

Wir werden als Reisende geboren. Im Moment, in dem wir den Körper unserer Mutter verlassen, begeben wir uns auf die mystische Reise des Lebens. Schon dieser Moment ist in den meisten Fällen von Schmerzen, Druck und Anstrengung begleitet. Normalerweise ist die Geburt weder für die Mutter noch das Neugeborene ein leichter Übergang.

Da Reisen und Übergänge oft mit Anstrengungen und Schwierigkeiten verbunden sind, scheuen sich viele Menschen davor. Wir sind Bequemlichkeit gewohnt, was uns allerdings oft daran hindert, unsere Grenzen zu überschreiten und neue Erfahrungen zu machen. Es ist einfacher, in den Dornröschenschlaf der Routine zu fallen, als über die Grenzen des Bekannten und Bewährten hinauszugehen.

Dabei vergessen wir oft, dass auch unsere Vorfahren nicht immer sesshafte Jäger, Sammler, Bauern oder Händler waren. Sie waren lange Nomaden und verließen ihr gewohntes Umfeld aus verschiedenen Gründen: Manchmal, weil die Jahreszeiten sie dazu zwangen oder weil sie nach fruchtbarer Erde oder nach neuen Jagdgründen suchten. Nicht selten mussten sie auch eine neue Heimat suchen, weil Kriege oder Naturkatastrophen es erforderten. Und auch die ureigene menschliche Neugier spielte bei ihnen wohl oft eine Rolle.

So lebensbedrohlich diese Veränderungen damals auch waren, so spornten sie unsere Vorfahren doch dazu an, Lebensweise und Anschauungen stets zu überdenken und zu hinterfragen. Durch das Umherziehen lernten sie immer wieder neue Kulturen kennen, kamen mit anderen Religionen in Kontakt oder mussten sich an neue Lebensräume und Landschaften anpassen.

In unserer heutigen westlichen Gesellschaft hingegen leben wir bequem und ohne ständige Auf- und Umbrüche. Die Tatsache, dass wir als »Reisende« geboren wurden, haben wir darüber völlig vergessen!

Wie bei jedem Menschen begann auch mein Leben mit dem Übergang der Geburt. Doch auch später blieb das Reisen ein großes Thema: Durch die Arbeit meines Vaters zogen wir oft um, denn er arbeitete für eine Versicherungsgesellschaft und wurde immer wieder in neue Niederlassungen geschickt. Diese lagen nicht nur in der Schweiz, sondern auch im Ausland, wo ich bereits mein erstes Lebensjahr verbrachte: in Paris.

Von Paris zogen wir in die Schweiz zurück, wo später mein Bruder geboren wurde. Von der Schweiz ging es für kurze Zeit nach Chicago und anschließend wieder zurück in die Schweiz. Innerhalb der Schweiz wohnten wir in Winterthur, Ettingen und Therwil im Kanton Baselland.

Schon während meiner Schulzeit in Therwil wollte ich spannende und weite Reisen unternehmen, wozu ich als Jugendlicher dann Gelegenheit hatte. Früh faszinierte mich, mit unterschiedlichsten Menschen in Kontakt zu kommen, fremde Sprachen zu hören und die besondere Küche eines exotischen Landes kennenzulernen.

Stets spürte ich den Drang, neue, spannende Reisen zu unternehmen, um hinter die Grenzen des mir Bekannten zu gelangen. Dies gilt auch für »Reisen« im übertragenen, spirituellen Sinne.

Auch heute noch, mit 47 Jahren, üben beide Formen des Reisens eine starke Faszination auf mich aus. Selbst wenn ich es mir manchmal ausmale, mich irgendwo niederzulassen, so kann ich es mir langfristig einfach nicht vorstellen. Ein Sprichwort besagt, Reisen sei die beste Universität des Lebens! Dem kann ich nur von ganzem Herzen zustimmen.

Schon in frühester Kindheit hatte ich ein lebhaftes und intensives Innenleben. Manche meiner Wahrnehmungen würde ich heute als intuitiv medial ausmachen, andere waren einfach Ausflüge ins Reich meiner Fantasie, denen ich mich oft stundenlang allein hingab. Erst viele Jahre später kam ich auf einer Reise durch Kolumbien mit dem *multidimensionalen Raum* in Berührung. Durch mediale Erfahrungen wurde mir plötzlich bewusst, dass Reisen nicht nur in der uns bekannten Dimension, sondern auch in zeit- und raumverschobene Dimensionen möglich sind. Es war natürlich nicht immer einfach, Anfang und Ende einer solchen Exkursion zu erkennen, aber dank medial veranlagter Menschen und Heilern, die ich in der Schweiz und Indien kennenlernen durfte, wurde mir das Reisen in parallele Universen zunehmend vertraut. Heute reise ich ebenso vertraut in den feinstofflichen Welten wie in der dritten Dimension. Physikalisch gibt eine

Dimension Größe und Qualität von etwas wieder. Geistig gesehen spiegeln Dimensionen die unterschiedlichen Wahrnehmungsebenen. So sprechen wir von der dritten Dimension jenseits der rein physisch erfahrbaren Welt. Daneben gibt es zum Beispiel die Traumwelt, die Jenseitsdimensionen (Realität der Verstorbenen) oder die Dimension der Seher, in der sich Raum und Zeit auflösen und Informationen hin und her gelangen und abgeholt werden können (Prophezeiungen).

Es ist nicht übertrieben zu behaupten, dass für mich Reisen in zeit- und raumverschobenen Wirklichkeiten einfacher und vertrauter sind als solche in unserer bekannten »Realität«. Das Reisen in zeit- und raumverschobenen Realitäten, oder wie ich es auch nenne, das Reisen in einem Hologramm, ist, was Aufwand oder Einsatz anbelangt, fast immer einfacher als die uns allen bekannten Urlaubs- oder Geschäftsreisen. Denn wenn ich medial reise, benötige ich keinen Fahrplan, ich bin weder abhängig von Fluggesellschaften noch Zuglinien, und was noch wichtiger ist – die Reisen sind gratis!

Nachdem ich von meinen Lehrern lernen durfte, wie ich mich in diesen Welten bewegen kann, ging es als Nächstes darum zu erfahren, wie Informationen aus den verschiedenen Wahrnehmungsformen und Dimensionen in andere gebracht werden können. Ich war also nicht nur ein Reisender in Raum, Zeit und Paralleluniversen, sondern ich wurde auch ein Überbringer von Informationen aus diesen Bereichen.

Diese erlauben mir, Informationen nicht nur über Einzelpersonen weiterzugeben, sondern auch über andere Kulturen und über ganze Länder. Meine Vorhersagen werden heute überall veröffentlicht, und es kommt immer wieder vor, dass mein Name im gleichen Atemzug mit Nostradamus (1503–1566) oder Alois Irlmaier (1894–1959) genannt wird. Dies ist für mich eine besondere Ehre, da ich Nostradamus als einen der ganz großen Seher betrachte.

Immer arbeite ich zugleich auch an mir selbst. Dies ist nötig, um die mir gegebene Gabe des Hellsehens immer weiter zu entwickeln und dabei noch besser und präziser zu werden.

Im letzten Teil dieses Buch gebe ich Einblick in einige der Übungen, die ich selbst immer wieder praktiziere, um meine mediale Intuition zu schulen. Sie sollen als Anregung für Leserinnen und Leser dienen, es vielleicht selbst einmal zu versuchen.

Dem Mutigen gehört das Universum!

TEIL 1

Vorbereitung

Vom Ursprung intuitiver Kräfte

Das Wort »Intuition« (umgangssprachlich oft als »Bauchgefühl« bezeichnet) kommt vom mittellateinischen *intuito,* was so viel bedeutet wie »unmittelbare Anschauung«, abgeleitet von *intueri,* »genaues Hinsehen« oder »Anschauen«. Intuition ist also die Fähigkeit, unterschiedliche Sichtweisen oder Gesetzmäßigkeiten unabhängig vom Nachdenken zu erkennen.

Intuition, freie Kreativität und rationale Geistesblitze gehen oft Hand in Hand. Die Intuition ist die Grundkraft, die hinter den meisten künstlerischen, aber auch wissenschaftlichen Eingebungen steht. Intuitive oder sensitive Kräfte sind keineswegs auf Spiritualität oder die Esoterik beschränkt. Intuition, das unmittelbare Erfassen, kommt in allen Lebenssituationen vor. Sie gehört zur Grundausstattung des Menschen.

Steve Jobs, intuitiver Prophet aus der Welt der Computer, sagte über die Kraft der Intuition: »Hab Mut, deinem Herzen und deiner Intuition zu folgen. Irgendwie wissen sie beide bereits, was du wirklich willst. Alles andere ist zweitrangig.«

Wir leben in einer Kultur, die der Intuition keine große Bedeutung beimisst. Im Gegensatz zu vielen uns bekannten Kräften, die der Erdanziehungskraft unterliegen, ist die Kraft der Intuition frei von allen physischen Beschränkungen. Aus diesem Grund ist es uns auch möglich, mithilfe der Intuition jenseits von Raum und Zeit zu reisen. Da die Intuition sowohl absolut wertfrei als auch frei von den uns bekannten Realitäten und Wirklichkeiten ist, ist sie an keine uns bekannten Gesetzmäßigkeit gebunden. Aus diesem Grund fällt es vielen Menschen schwer, sich ihre Kraft – oder überhaupt ihre Existenz – verstandesmäßig zu erklären und sie ganz auszuschöpfen. Den Ursprung oder die Kraft der Intuition kann man erst dann verstehen, wenn man weiß, dass unser Universum nicht nur aus den uns bekannten drei Dimensionen, sondern aus multidimensionalen Wirklichkeiten besteht.

Wer sich dadurch selbst »begrenzen« möchte und die Intuition logisch, wissenschaftlich und sachlich zu erklären versucht, wird sich daran vermutlich die Zähne ausbeißen. Allerdings fällt es uns durch die globale Vernetzung, in der wir uns heute bewegen, auch leichter, etwas über die Kraft der Intuition in verschiedenen Kulturen, Philosophien und Religionen zu erfahren. Dem aufmerksamen Adepten ganzheitlichen Wissens fällt dabei auf, dass es keine »gesunde« Kultur gibt, die die Kraft der Intuition nicht anerkennt und mit ihr arbeitet. Unsere Geschichte beweist zur Genüge, dass eine Gesellschaft ohne intuitive Führung zu einseitig der Ratio verfällt und sich unweigerlich vom Ganzheitlichen oder Göttlichen löst.

Ohne Übertreibung kann ich behaupten, dass ich keine Kultur kenne, in der die Kraft der Intuition nicht Kernelement der Lebensgestaltung ist. Interessanterweise vertrauen fast ausnahmslos genau jene Kulturen und Zivilisationen besonders stark der Intuition, die der uns vertrauten rationellen und aufgeklärten westlichen Zivilisation am fernsten sind.

In den »bewussteren« Teilen unserer Gesellschaft werden zum Glück unverbesserliche Skeptiker der Intuition immer stärker in den Hintergrund gedrängt. Sie sind, wie ich es gerne ausdrücke, zu vergleichen mit Dinosauriern – und wie bei ihnen vollzieht sich ihr Aussterben über eine sehr, sehr lange Zeitspanne! Das rationale Zeitalter der Aufklärung entwickelt sich weiter und eröffnet einem ganzheitlichen Verständnis zunehmend Raum.

Das neugeborene Kind trägt den sechsten Sinn, die Kraft der Intuition, in sich. Je nach Erziehung und Lernmöglichkeiten hat es die Chance, sich dieser Kraft mehr oder weniger bewusst zu werden. Es versteht sich von selbst, dass Kinder, die nicht in diesem Bewusstsein erzogen werden, diese Kraft nur schwer erfühlen oder erkennen können. Dennoch spüren viele Kinder die Intuition immer stärker in sich und können sie mit oder ohne Unterstützung des Elternhauses zum Ausdruck bringen.

Jenseits der uns bekannten dritten Dimension, in der wir uns auf der Erde bewegen, gibt es viele weitere Realitäten: Diese sind für unsere Augen nicht sichtbar, und dennoch existieren sie. In diesen »zeit- und raumverschobenen Wirklichkeiten« (zeit- und raumverschoben deshalb, weil hier Zeit und Raum anders gedehnt oder komprimiert sind), lässt sich die Kraft der Intuition viel bewusster erleben als bei uns auf der Erde. So halten sich Verstorbene, Engel, Geistführer und andere Lichtwesen in diesen Welten auf. Wie in einem unendlichen universellen Gehirn sind hier zudem viele Informationen gespeichert – ähnlich einer Wolke (*Cloud:* im Internet ein virtueller Raum, in dem Informationen gespeichert sind) oder einer allzeit zugänglichen Bibliothek. Das Bild der internetbasierten Cloud nutze ich, da auch im Universum uneingeschränkte Informationen – nämlich sämtliche Informationen der Vergangenheit, Gegenwart und Zukunft – gespeichert sind.

Da gibt es zum einen Informationen, die vom Universum oder dem Göttlichen abgespeichert wurden und mit der vorgegebenen Bestimmung der Menschheit abgeglichen werden können. Dann gibt es andere Informationen, die von einzelnen Menschen oder Gruppen in diesen Wolken abgelegt werden. Jeder Gedanke, den wir in uns tragen, jede Idee, die wir als Kollektiv entwickeln, löst eine feinstoffliche Schwingung aus und lagert sich in diesen unendlichen Wolken des Universums ab. Als intuitiver Leser habe ich die Möglichkeit, mit dem richtigen Zugang und einer Grundidee von der Information, die ich erhalten möchte, nach den gesuchten Informationen Ausschau zu halten und diese auch zu finden. Die Wolken der Intuition sind somit keine in Stein gemeißelten Wirklichkeiten, sondern sie passen sich der menschlichen Entwicklung und Geschichte immer wieder an.

Ein Prophet oder eine Seherin klinkt sich nun in diese Wolken ein; sie konzentrieren sich auf die aktuelle Entwicklung einer Gesellschaft in einem gewissen Zeitfenster und holen sich dann die zu diesem Zeitfenster passenden Bilder ab.

Genauso verhält es sich bei einem Hellseher, der Informationen über eine Einzelperson abrufen möchte. In der Meditation loggt er oder sie sich in dieselbe intuitive Wolke ein, konzentriert sich auf die Person, um die es geht, und lädt so automatisch die dazu auftauchenden Informationen zu dieser Person herunter. Das ist nicht sehr viel anders als eine Recherche im Internet. Google anklicken, Suche angeben und Informationen gewinnen.

Wie bereits erwähnt, ist die Intuition frei von Raum und Zeit. Mit ihr habe ich die Möglichkeit, Informationen und Wissen aus der Vergangenheit, Gegenwart oder Zukunft zu erhalten. Ich habe die Möglichkeit, Informationen über Personen in anderen Ländern oder auch über Räumlichkeiten auf anderen Kontinenten zu erlangen.

Das Zeitfenster ist dabei keineswegs auf die eigene Lebensspanne beschränkt, sondern es gibt auch die Möglichkeit, in vergangene Kulturen einzutauchen oder Informationen aus einer fernen Zukunft zu holen.

Im Gegensatz zur Cloud im Internet hat die intuitive Wolke den Vorteil, dass sie nicht an menschliches Wissen gebunden ist. Der Cloud im Internet stehen nur jene Daten zur Verfügung, die von Menschen abgelegt wurden. In der Wolke der Intuition wird menschliches Wissen überwunden, denn der Programmierer jener Wolke ist nicht der Mensch, sondern Gott!

Ich werde immer wieder gefragt, ob sich die Intuition auch täuschen kann. Ich bin überzeugt, dass die Intuition selbst fehlerfrei ist. Die Fehler passieren bei der Übertragung aus der Wolke in unsere zeit- und raumgebundene Wirklichkeit. Auch hier können wir wieder auf das Beispiel der Internetwolke zurückgreifen. Fundierte und seriöse Informationen können angezapft und von interessierten Benutzern heruntergeladen werden. Bei diesem Vorgang können Fehler auftreten: Zum Beispiel kopiert man als Suchender falsch, oder man leitet die Informationen bewusst oder unbewusst falsch weiter. In diesem Fall darf natürlich keineswegs der Autor des ursprünglichen Textes verurteilt werden.

Das Faszinierende an der Intuition ist, dass es uns mit ihr gelingt, sämtliche Informationsfelder anzuzapfen. Nicht nur im Hinblick auf Menschen, sondern auch auf Tiere, Pflanzen, Mineralien und andere Wesenheiten. Es gibt unzählige Studien, die dies belegen. Auch gibt es Studien, die sich mit Pflanzen und deren elektromagnetischen und sogar emotionalen Ausstrahlungen befassen. Nicht anders verhält es sich – obwohl wissenschaftlich nicht nachvollziehbar – mit Mineralien. Als Sensitivem ist es mir möglich, mich mit den elektromagnetischen Schwingungen eines Steins oder eines Metalls zu verbinden. In diesem Fall ist die Verknüpfung nicht anders als die mit der Informationswolke in einem Paralleluniversum. Ein Heiler oder eine Heilerin hat die Möglichkeit, die Kraft und die Heilenergie eines Steines oder eines Edelmetalls zu *spüren*, um zu wissen, wie es sich rituell einsetzen lässt.

Hans »Fox« Fuchs von ultrafeel.tv aus der Bodenseegegend und ich arbeiten seit vielen Jahren gemeinsam mit unterschiedlichsten Remote-Viewing-Techniken, um Edelmetalle und Steine intuitiv aufzuspüren. Dabei verbinden wir uns intuitiv mit der Informationsquelle des Steins oder des Metalls, um dann zu erspüren, wo wir es finden können.

Ein sehr spannendes Projekt war, als wir in Tirol vor einigen Jahren beauftragt wurden, intuitiv einen Marmorsteinbruch auszumessen, um herauszufinden, welche Steinqualität in welcher Tiefe vorhanden sein würde. Mithilfe unserer Intuition konzentrierten wir uns auf die Aura des Bergbaus. Der Besitzer sandte Herrn Fuchs und mir Landkarten zu. Die eine Karte zeigte den Abbau und die Umgebung, die andere Karte war ein Seitenschnitt das Berges. Erst legte ich die Landkarte mit der Vogelperspektive vor mir aus. Langsam beugte ich mich über die Karte, studierte sie. Ich hob meine linke Hand über die Karte und fuhr mit dieser langsam und gemächlich darüber, die Augen geschlossen. Meine Hand fuhr wie ein Metalldetektor über die Karte. Wo spüre ich ein Kribbeln in meiner Handfläche? Denn dieses zeigt mir, wo der oder die zu suchenden Gegenstände oder Personen sich befinden müssten.

Langsam bewegte ich meine Hand über die Karte und visualisierte den Marmor. Mich auf den Stein zu konzentrieren erlaubt meinem höheren Selbst den Fokus auf das zu suchende Objekt. Mein drittes Auge sieht Marmor vor sich, meine Handfläche über der Karte spürt den Stein. Plötzlich nahm ich das ersehnte Kribbeln wahr. Langsam öffnete ich meine Augen und markierte mit einem Stift die von mir gespürte Stelle. Erneut schloss ich die Augen und fuhr mit der Hand weiter über die Karte. Zentimeter für Zentimeter erspürte ich die Landkarte. Ich machte verschiedene Stellen aus, markierte diese, bis ich mich durch die ganze Karte gearbeitet hatte.

Als Nächstes konzentrierte ich mich auf die Karte mit dem Seitenschnitt des Bergbaus. In dieser ging es darum zu erspüren, in welcher Tiefe der gesuchte Marmor lag. Die Tiefe des Steines ist ebenso wichtig wie der Ort. Auf dieser Karte konzentrierte ich mich auf die Stellen des Bergbaus, bei der ich vorher den Marmor gespürt hatte. An diesen Stellen musste ich nun die Tiefe spüren. Mein Vorgehen war wie gehabt. Ich schloss die Augen, meditierte und tauchte tief in meine Seele ein. Dort stellte ich mir Marmor vor, verband mich mit seiner Frequenz, spürte diese und aktivierte die Sensibilisierung meiner Hand. Erneut fuhr ich über die Karte, diesmal von oben in die Tiefen hinab, bis ich auch hier wieder das Kribbeln wahrnahm. Sobald ich etwas spürte, öffnete ich meine Augen, sah mir die Stelle an und markierte sie. Sobald sämtliche Stellen mit Fundstelle und Tiefe markiert waren, lehnte ich mich zufrieden zurück.

Hans Fuchs und ich verglichen unsere jeweiligen Fundstellen. Die gemeinsamen markierten wir, schrieben sie nieder und sandten sie als von uns empfohlene Stellen zum Kunden.

Wochen später besuchten wir den Marmorbruch und sahen einige der Stellen, die wir ausgemacht hatten, von innerhalb des Berges! Für uns ein eindrückliches Erlebnis. Wir rochen die feuchte, nasse Luft der tiefen und hohen

Stollen zum ersten Mal in echt. Dennoch war es für uns so, als ob wir die Orte bereits kannten – durch unsere medialen Reisen hinter Raum und Zeit!

Der Marmor, den wir zu finden halfen, wurde übrigens später für den Bau des neuen World Trade Center in New York eingesetzt.

Intuition: eine universelle Kraft

> *Die Intuition ist der Kompass, der mich über*
> *die unendliche Weite des Lebens führt.*
>
> Martin Zoller

Jeder Segler weiß, dass selbst bei bester technologischer Ausrüstung Stürme, gefährliche Untiefen oder an der Oberfläche schwimmende Gegenstände eine nicht zu unterschätzende Gefahr bedeuten können. Zwar ist der Kompass ein wichtiges Instrument, dennoch muss der Segler vorsichtig und aufmerksam auf weitere möglicherweise auftauchende Hindernisse und Veränderungen am Horizont achten.

Man soll seiner Intuition vertrauen, dennoch ist es wichtig, dass unser alltäglicher Scharfsinn nicht vernachlässigt wird. Eine gesunde Kombination zwischen erworbenem Wissen und intuitivem Erspüren lässt das Leben zu einem erfolgreichen Abenteuer werden.

Für mich ist die Intuition ein Aspekt, der aus meinem Leben nicht mehr wegzudenken ist. Die Intuition gehört ebenso zu meinem Alltag wie meine Gedanken, essen oder schlafen.

Wache ich morgens auf, meditiere ich, schließe meine Augen und visualisiere meine Aura und die Chakras. So starte ich jeden Morgen: Ich fange beim ersten Chakra an und sehe es mir an. Hat es weiche und leichte Farben wie Gelb oder Orange, so ist dies ein gutes Zeichen. Ebenso, wenn diese weich und sanft wie eine Wolke sind. In diesem Falle gehe ich mit meiner Aufmerksamkeit zum nächsten Chakra hoch. Ich meditiere über jedem der sieben Chakras, sehe mir die Farben an oder fühle deren Empfindung. Sanft und weich oder hart und metallisch?

Meine sieben Chakras sind wie Muskeln, die ich vor dem Sport aufwärme. Ein Tag, an dem ich meine Chakras nicht stärke, ist wie ein Skiausflug, ohne die Beinmuskeln aufzuwärmen.

Gleichzeitig dienen diese Übungen der Stärkung der Intuition. Ich lerne, meine Bilder verstehen und interpretieren zu können.

An diesen Punkt zu gelangen war für mich ein langer Weg und hat viel Zeit in Anspruch genommen. Bewusst führe ich nun mein Leben schon seit gut 25 Jahren mithilfe des Kompasses meiner Intuition. Unbewusst, würde ich behaupten, vermutlich schon mein ganzes Leben lang. Seit ich dies verstanden habe, hat sich mein Leben deutlich vereinfacht. Auch ist es um einiges spannender als zuvor. Meine Fahrwasser sind nun keine vorgegebenen Routen mehr, sondern passen sich meinen intuitiven Eingebungen an. Dem Ursprung intuitiver Kräfte zu vertrauen, ist für mich eine Frage von Leben und Kreativität.

Und dennoch – selbst ich werde noch heute von der Kraft der Intuition überrascht. Auch nach so vielen Jahren begegne ich immer wieder Menschen, die auf für mich unbekannte Weise mit der Kraft der Intuition arbeiten: Schamanen, Heiler, Hellseher, Seher und Propheten aus den unterschiedlichsten Kulturen. Besonders eindrücklich ist für mich, wie Seher und Schamanen in verschiedenen Kulturen medial sehen, spüren, fühlen und riechen.

Ein Schamane aus La Paz in Bolivien arbeitet zum Beispiel mit Cocablättern. Er greift in eine Plastiktüte und holt eine Handvoll heraus. Diese wirft er vor sich auf den Boden und schaut sie fast ein wenig hypnotisiert an. Langsam und vorsichtig wählt er seine Worte und erzählt, was er sieht. Manchmal hebt er ein Blatt hoch und hält es gegen die Sonne, als ob er durch das Blatt lesen würde. Bruchstellen in den Blättern haben ebenso eine Bedeutung wie die Helligkeit oder Dunkelheit des Grüns.

Das Leben ist die beste Universität, und Reisen sind die besten Schulen!

Dem weltoffenen »Studenten des Lebens« bietet die Reise durch Raum und Zeit die beste Ausbildung überhaupt. Ihre Dozenten und Professoren begegnen uns in Form von Heilerinnen, Wissenschaftlern, Schamanen, Künstlern, Soldaten, Hausfrauen, Propheten, Kindern, Großeltern, aber auch von Tieren, Pflanzen, Edelmetallen sowie von Wesen aus anderen Zeiten und Dimensionen. Es macht keinen Unterschied, woher jemand oder etwas kommt. Es gibt eine Quelle, die alle und alles miteinander verbindet: die Intuition!

Wertevielfalt im Universum

Seit jeher bemühen sich Menschen, die Vielfalt des Universums zu verstehen. Mathematiker versuchen es mithilfe von Zahlen und Formeln, Astronomen durch Beobachtung von Gestirnen, Mystiker mithilfe magischer Schulen und Atheisten rein wissenschaftlich. Interessanterweise haben sie alle recht. Das Universum lässt sich aus vielen verschiedenen Sichtweisen beschreiben, und die Anzahl der unterschiedlichen Ansätze verdeutlicht vor allem die Unmöglichkeit, den Ursprung und die Bestimmung des Universums zu ergründen.

Auf meinen Reisen begegne ich den unterschiedlichsten Religionen und Philosophien. Monotheistische wie polytheistische Religionen glauben seit Jahrtausenden, die Wahrheit und die Mysterien des Universums ergründet zu haben. Spannend ist das insbesondere im Amazonasgebiet: Hier wechseln die Religionen schnell: Sie reichen nicht über Land oder Kontinent hinweg, sondern manchmal nur bis zum nächsten Dorf und dessen indigenen Bewohnern. Man kann hier Menschen begegnen, die zwar den gleichen, ursprünglichen Lebensraum teilen, aber ganz unterschiedliche Glaubensvorstellungen über das Universum entwickelt haben.

Einerseits ist diese Erfahrung interessant, sie kann aber

auch verwirrend sein. Das Leben gestaltet sich für Besucher ziemlich einfach, wenn man sich nur mit einer Religion und einer Kultur auseinandersetzen muss. Schwieriger wird es, wenn man mit Menschen unterschiedlicher Philosophien und Religionen zu tun hat. Und wenn deren Lebensanschauungen dann auch noch so dogmatisch sind, dass sie meinen, die eigenen Glaubensgrundsätze seien die einzig richtigen, dann können solche Begegnungen zu Konflikten führen. Noch komplizierter wird es, wenn man nicht nur mit Menschen in diesem – in »unserem« – Universum zu tun hat, sondern auch noch mit Wesenheiten aus anderen Dimensionen und anderen Universen.

Als medialer Seher bewege ich mich in einer Realität, die aus multidimensionalen Universen besteht. Wenn ich am Morgen die Augen öffne, stehe ich nicht gleich auf und bewege mich in der dritten Dimension durch den Tag, sondern ich meditiere erst einmal. Mit geschlossenen Augen öffne ich mein Bewusstsein den geistigen Sphären und lasse mich von deren Informationsquellen inspirieren. Manchmal begebe ich mich während dieser Meditation bereits auf erste Reisen in eine zeit- und raumverschobene Realität. Vielleicht begegne ich dabei einem Geistwesen oder einem Verstorbenen und erhalte so meine ersten Informationen über den vor mir liegenden Tag. Diese Informationen helfen mir dann vielleicht beim Gespräch mit einem Klienten, beim Schreiben eines Textes oder beim medialen Ergründen eines Projektes.

Nach meiner Morgenmeditation öffne ich die Augen, stehe auf und koche mir einen Kaffee. Während ich darauf warte, dass der Kaffee fertig ist, schweifen meine Gedanken oftmals erneut in eine zeit- und raumverschobene Wirklichkeit. Ich sehe dann beispielsweise die Aura eines Klienten und erhalte bereits Antworten auf seine anstehenden Fragen. Dann kehre ich mit meiner Aufmerksamkeit wieder in den Alltag zurück, suche Papier und Stift und schreibe mir diese Inspirationen auf, um sie nicht zu vergessen. Bereits in den ersten wenigen Stunden im Wachzustand bewege ich mich also in unterschiedlichen Universen. Jedes dieser Universen hat eine eigene Wirklichkeit und seine eigenen Gesetze und Ausdrucksformen. Um mich in dieser Vielfältigkeit zu orientieren, ist es für mich entscheidend, so wertfrei wie möglich zu sein.

Reisen in raum- und zeitverschobene Universen sind den Reisen von einem Kontinent in einen anderen sehr ähnlich. Besuche ich einen mir fremden Kontinent, habe ich zwei Möglichkeiten: Entweder ich gehe unvoreingenommen an den neuen Ort, lerne von den lokalen Begebenheiten und gebe mir Mühe, mich diesen anzupassen, oder aber ich versuche, meine eigenen Erwartungen dem fremden Ort aufzuzwingen. Bei technisch weniger weit entwickelten Kulturen mag letztere Einstellung funktionieren, nicht aber bei Reisen in zeit- und raumverschobene Universen. Dort kann ich mich nur bewegen und aus ihnen Informationen und Wissen beziehen, wenn ich mich ihnen uneingeschränkt anpasse. Reisen in raum- und zeitverschobene Realitäten können nur dann erfolgreich sein, wenn ich mich durch meine Intuition führen lasse. Das bedeutet, dass ich mein herkömmliches

Wissen und Erfahrungssystem voll und ganz zurückstellen muss.

Jede Philosophie und Religion hat ihren eigenen Zugang zur Realität. Keine Religion hat das Recht zu behaupten, die Mysterien des Universums wirklich verstanden zu haben. Wäre dem so, dann hätten wir auf unserem Planeten nicht derart viele unterschiedliche Anschauungen und Glaubensrichtungen. Allerdings hat im Laufe der Menschheitsgeschichte jede Religion und jede Philosophie immer wieder Bruchteile unseres nicht fassbaren Universums erkannt.

Eine Religion oder Philosophie als einzige Realität zu bezeichnen ist falsch. Selbst durch die moderne Wissenschaft lässt sich jedoch nicht alles ausreichend erklären. Immer wieder müssen sich auch die Naturwissenschaften neuen Entwicklungen und Erkenntnissen anpassen. Somit beschreibt letztlich auch die Naturwissenschaft keine fest gefügte »Realität«, sie ist vielmehr nichts weiter als ein gegenwärtiger Wissensstand und will auch nichts anderes sein. Diesen mit der Wahrheit gleichzusetzen ist gefährlich und, schlimmer noch, schlichtweg falsch. Gefährlich deshalb, weil durch solchen Irrglauben Religionskriege und koloniales Verhalten gefördert werden, und falsch, weil der aktuelle Wissensstand keine absolute Wahrheit darstellt.

Auch für mich als Seher wird es gefährlich und manipulativ, wenn ich der Meinung bin, meine Visionen der einen oder anderen Realität anpassen zu müssen. In diesem Falle würde ich bestimmte Informationen verfälschen und folglich Fehler bei ihrer Interpretation machen. Als medial Reisender habe ich die verantwortungsvolle Aufgabe, das Wissen und die Informationen, die ich in anderen Sphären erhalte, so unverfälscht wie möglich weiterzugeben. Dazu ist es notwendig, dass ich meine persönliche Weltanschauung sowie meine Vorstellungen von moralisch Gut und Böse, von Richtig und Falsch hinter mir lasse.

Problematisch wird es immer dann, wenn ein Prophet, ein Seher oder ein medialer Kanal sich von einer Religion oder festgelegten Philosophie beeinflussen lässt. In diesem Fall ist es fast unmöglich, dass Informationen aus einem anderen Universum unverfälscht weitergegeben werden. Auf meinen vielen Reisen begegne ich immer wieder weisen Männern und Frauen, die als mediale Kanäle mit anderen Universen in Verbindung stehen, um Informationen von einem in das andere zu bringen. Nur wenige von ihnen haben jedoch die wahre Kunst der unvoreingenommenen Informationsweitergabe verstanden. Daher ist es für mich als Überbringer von Informationen wichtig, dass ich meine Sprache meinem jeweiligen Umfeld anpasse. Dazu gehört die Erkenntnis, dass die unterschiedlichsten Realitäten stets ihre eigene Berechtigung haben.

Im Radius einer gewissen Vorstellung von Moral und Ethik ist dies mehr oder weniger einfach nachvollziehbar. Schwieriger wird es jedoch, wenn man mit Wertvorstellungen konfrontiert wird, die der eigenen Vorstellung nicht entsprechen. In diesem Sinne ist die Kunst der ganzheitlichen Anerkennung von Realitäten und Möglichkeiten im Universum unabdingbar. Nicht selten ist es so, dass etwas, das kurzfristig wie eine Tragödie erscheint, sich später als »Geschenk

Gottes« herausstellt. Schwere Schicksale können somit eine Chance für die Zukunft sein. Das wertfreie Herangehen an sämtliche Lebenssituationen, das Akzeptieren multipler Realitäten in unterschiedlichen Universen ist daher die Voraussetzung für das Arbeiten als intuitiv medialer Überbringer höchst unterschiedlicher Information.

Die Realitäten unterschiedlicher Universen lassen sich nicht mit Zahlen, Buchstaben, Farben und Gesetzen beschreiben. Sämtliche Wissenschaften, Philosophien und Religionen können daher höchstens ansatzweise erahnen, wie weitläufig andere Realitäten und Universen sind. Am ehesten erahnen lässt sich das wohl, wenn man den rationalen Verstand ausschaltet und sich voll und ganz seiner intuitiven Wahrnehmung des höheren Selbst öffnet. Es ist vor allem unsere Ratio, das logische Denken, das alles immer »verstehen« will. In vielen Fällen dominiert dieser Anteil in uns so stark, dass wir dabei die Intuition vernachlässigen. Ohne es zu merken, entfernen wir uns dabei allerdings so weit von der multiplen Realität, dass wir am Ende gar nichts mehr erkennen können.

Während Ratio und Logik aus der Vergangenheit schöpfen, atmet und lebt die Intuition aus der Gegenwart. Sie schöpft aus sich selbst und lebt für sich. Intuitive Realität benötigt keine Vergangenheit und keine Zukunft. Sie teilt den Moment und unterstützt die aktuelle Entwicklung. Intuition lebt den Moment. Sie vertraut der gegenwärtigen Situation unabhängig davon, in welcher Realität sie sich befindet. Nicht anders geht es uns während einer schönen Oper oder einem stimmungsvollen Sonnenuntergang. Während unsere

Gedanken in den Hintergrund gedrängt werden, ergötzen sich unser Herz und die Seele an der schönen Musik oder dem farbenfrohen Lichtspiel der Sonne.

Im Alltag ist es ohne Zweifel notwendig, dass wir unsere Intuition mit Wissen vereinen. Während in der multidimensionalen Realität unsere Intuition Wissen »schöpft«, hilft uns unser intellektuelles Wissen dabei, wie wir diese Informationen am besten in unseren Alltag integrieren können.

Wie die Intuition mich fand

Der Mensch fühlt sich natürlicherweise zu jenen beruflichen und privaten Engagements hingezogen, wo er oder sie Talente und Begabungen in sich trägt. Lässt man ein Kind frei und ungezwungen aufwachsen, so bleibt es in Verbindung mit seiner Intuition, mit seiner inneren Stimme und wird von dieser automatisch zu seinen Begabungen geführt. Meine persönliche Erfahrung hat mir immer wieder gezeigt, dass unsere Begabungen oder Talente unserer Lebensaufgabe entsprechen. Ein glückliches Kind ist eines, das so erzogen wird, dass es die Möglichkeit hat, seinen eigenen Lebensweg zu finden und zu gehen. Es spürt seit früher Kindheit bestimmte Interessen und Veranlagungen und möchte diesen spontan folgen. Verständnisvolle Eltern und eine offene Gesellschaft akzeptieren diese Wahrnehmung des Kindes und helfen ihm dabei, sie zu entwickeln.

In ursprünglichen Gesellschaften ist es so, dass Jugendliche durch Übergangsrituale oder Feiern dazu ermuntert werden, in Verbindung mit den eigenen Visionen zu treten, um so Hinweise auf die eigenen Begabungen und Lebensziele zu finden. Manchmal dauert ein solcher Suchprozess nur ganz kurze Zeit, manchmal dauert er länger. Es gibt kein festes Zeitfenster, in dem solche Selbsterfahrungsmomente erfolgen. Ich würde behaupten, je früher ein Mensch die Möglichkeit hat, sich seinen Interessen und seinem inneren Ruf zu widmen, umso schneller und direkter findet er den Weg zur eigenen Bestimmung.

Bei mir war es nun nicht so, dass mir schon in der Kindheit bewusst war, dass ich einmal medialer Berater, Hellseher und Seher werden würde. Ich hatte allerdings schon immer eine sehr lebendige Innenwelt. Geschichte, Bücher über andere Kulturen oder Politik gehörten sehr früh zu meinen Interessen. Diese Interessen, verbunden mit meiner Innenwelt und der intuitiven Empfindung von Farben und Energiefeldern im Umfeld von Menschen oder von Gesprächen, legten zweifellos den Grundstein für meine mediale Entwicklung.

Ich kann mich nicht daran erinnern, dass meine Eltern mich je bei meinen Ideen oder Vorhaben, meinen Weg zu gehen, blockiert oder zurückgehalten haben. Sogar als es darum ging, meinen beruflichen Werdegang abzubrechen, ließen sie mich machen: Mit zwanzig Jahren verließ ich die Schweiz, um dem Ruf meiner Seele zu folgen.

Blicke ich heute auf meine Kindheit und frühe Jugend zurück, erkenne ich, dass ich immer wieder Zeichen, Hinweise und Anregungen dazu erhielt, um meiner Lebensaufgabe zu folgen. Es erstaunt mich überhaupt nicht, dass meine damaligen Interessensgebiete von einst heute fester Bestandteil meines Lebens sind. Hätte man mich damals gefragt, weshalb ich mich für Geschichte und Politik oder Fotografie (Farben!) interessiere, wäre ich natürlich nie darauf gekommen, dass ich mich damit auseinandersetze, um später damit medial intuitiv zu arbeiten.

Als ich in meiner Kindheit Bücher von Homer, über die römischen Kriege, die napoleonischen Feldzüge, über griechische Mythologie und die indischen Götterwelten, aber auch über die zwei Weltkriege und die Revolutionen in Südamerika las, hätte ich niemals vermutet, dass ich später einmal als Seher Prophezeiungen über gesellschaftspolitische Entwicklungen abgeben würde. Als ich mich mit achtzehn oder neunzehn Jahren für Fotografie und Film interessierte und daraufhin in Basel mit den damaligen Fotografen der *Basler Zeitung* die Handwerkskunst der Fotografie erlernen durfte, hätte ich mir ebenso wenig vorstellen können, dass ich später mehrere Jahre aktiv im Fernsehen arbeiten würde, eigene Fernsehprogramme haben und sogar Dokumentarfilme produzieren würde. Ebenso wenig hätte ich daran gedacht, dass mein Interesse für Atlantis und für Außerirdische dazu führen könnte, später einmal selbst in Kontakt mit Wesen von anderen Planeten zu treten.

An dieser Stelle möchte ich mich übrigens ganz besonders bei meinem Bruder Thomas bedanken! Er war es, der mich durch die Bücher, die er las, zum ersten Mal mit Edgar Cayce, mit Atlantis und mit der Existenz von Außerirdischen in Berührung brachte.

Die Wolke intuitiven Wissens schickte mir also von klein auf immer wieder Informationen, die mich darauf vorbereiten sollten, den Weg der medialen Berufung zu gehen. Jedes damals noch so unwichtige Ereignis in diesem Zusammenhang lässt sich heute als einer der dazu nötigen Bausteine erkennen. Solche Bausteine reichen natürlich nicht aus, dass der Weg der Bestimmung dann tatsächlich auch gegangen wird. Die Bestimmung, das universelle Wissen und die Quellen intuitiver Erkenntnisse benötigen eine aktive Mitwirkung von uns Menschen. Informationen aus diesen Quellen zu erhalten heißt nicht automatisch, dass wir sie dann tatsächlich auch nutzen und umsetzen. Viele Menschen erhalten Informationen, empfangen Visionen, haben Träume, schenken ihnen aber nicht genügend Beachtung.

Auf der einen Seite besteht die Quelle oder Wolke geistig universellen Wissens, auf der anderen Seite steht der Mensch, der diese Informationen empfängt und sie dann kreativ und aktiv umsetzt.

Aus früheren Leben weiß ich, dass meine Seele bereits in der Vergangenheit mit medialen Fähigkeiten arbeitete. Ich kann mir vorstellen, dass das höhere universelle Wissen die Entwicklung meiner Seele über verschiedene Leben hinweg beobachtet hat und sie unterstützt. Und meine Seele hat dazugelernt.

Als ich in Indien, meiner ersten größeren Reisestation als junger Mann, anfing, mich bewusst mit meinen medialen Fähigkeiten auseinanderzusetzen, hatte ich immer öfter Kontakt zu Wesen aus geistigen Sphären. Wesenheiten aus anderen Welten wie Außerirdische, Verstorbene, Schutzengel oder Geistführer suchen feinfühlige Menschen aus, um Nachrichten weiterzugeben.

In meinem Fall sind diese über verschiedene intuitive Sinne wahrnehmbar. So kommt es vor, dass ich an einem Tisch sitze, um eine E-Mail zu schreiben. Plötzlich spüre ich hinter mir etwas. Bestimmt kennen Leser dieses Buches solch ein Gefühl. Man sitzt an einem Ort, liest ein Buch und fühlt plötzlich die Anwesenheit von »etwas«. Man dreht sich um und sieht den Bruder, die Frau oder einen Freund hinter einem stehen. In meinem Fall sind es nicht »nur« Menschen, sondern auch Wesenheiten, wie oben beschrieben.

Ein Schwitzen an meinen Handflächen, ein nervöses Ziehen im Magen sind ebenfalls Anzeichen, dass ein Wesen Kontakt mit mir sucht. Sehr klar sind die Kontaktaufnahmen, wenn ich das Wesen vor mir sehe und in meinem Kopf eine fremde Stimme höre. So seltsam sich dies anhören mag, ich höre manchmal Stimmen im Kopf, von denen ich genau weiß, dass das nicht meine Gedanken sind. Dies ist etwa so, wie wenn man laut zu sich selber spricht oder jemandem zuhört, der vor einem steht. Ganz klar lässt sich unterscheiden, welche die eigene Stimme ist und welche die fremde.

Sucht eines dieser Wesen Kontakt mit mir, so komme ich diesem Wunsch nach. Ich halte mit meiner Arbeit inne, konzentriere mich auf das Lichtwesen und öffne mich für eine Botschaft. So habe ich gelernt, wie ich mit ihnen arbeiten, wie ich mein eigenes Wissen vertiefen und meine Medialität verstärken kann.

Natürlich war das zu Beginn nicht einfach für mich. Fragen wie »Bin ich verrückt?« oder »Bilde ich mir das nur ein?« tauchten immer wieder auf. Ich weiß noch genau, wie ich mich bei visuellen Begegnungen mit Lichtwesen manchmal umschaute, um zu sehen, ob andere Menschen ebenfalls sahen, was ich sah. Dass dies nicht der Fall war, machte es für mich nicht unbedingt einfacher, an Wesen anderer Dimensionen zu glauben.

Als medial veranlagte Person gibt es genügend Momente, in denen man sein Normalsein hinterfragt. Wer ist »verrückt«? Die anderen oder man selbst? Irgendwann merkte ich, dass weder ich noch »die normalen« Menschen komisch oder verrückt waren. Wir medial geborenen Menschen nehmen einfach mehr wahr als andere. Das ist nichts anderes, als wenn ein Sprachgenie nach dem erstmaligen Lesen neunzig Prozent des Inhaltes bereits auswendig weiß, während die meisten anderen Schüler im Unterricht vielleicht zwei oder drei Stunden für denselben Inhalt benötigen.

Mit dem Vertrauen in diese Kontakte kam das Verstehen der Nachrichten aus der geistigen Welt. Deren Inhalt muss nicht wie eine Fremdsprache gelernt werden, es reicht ein Sich-Hineinfühlen. Herz und Ratio sind eine wunderbare Kombination, um diese Nachrichten zu dechiffrieren.

Danach lehrten die Wesen mich auch, wie ich sie in ihren Sphären besuchen konnte. Sie zeigten mir auf, wie Begegnungen nicht nur in unserer Realität möglich sind, sondern auch bei ihnen.

Die geistigen Wesen bildeten mich gewissermaßen darin aus, mehr Erfahrung zu sammeln und Vertrauen in die

Ganzheit des Universums zu erlangen. Je länger und öfter ich mich in diesen anderen Welten bewegte, umso wohler fühlte ich mich in ihnen und benötigte irgendwann keine ständige Unterstützung mehr.

Der nächste Schritt in der Entwicklung meiner medial intuitiven Begabung bestand darin, die Erfahrungen, Energien und Informationen von einer Realität in die andere hinüberzubringen. In diesem Lernprozess befinde ich mich wohl auch heute noch.

Die Intuition begleitet und leitet mich täglich auf meinem Lebensweg. Kein Tag vergeht, an dem ich diesbezüglich nicht etwas Neues lerne. Ein wesentlicher Bestandteil dieses Lernprozesses besteht für mich darin, das, was mir weitergegeben wird, nicht zu werten. Ich vertraue der göttlichen Wissensquelle so sehr, dass ich diese, selbst wenn die Information meinen Weltanschauungen widerspricht, trotzdem so annehme, wie sie mir übermittelt wurde. Ich maße mir nicht an, vollständig zu verstehen, *was* bei uns auf der Erde oder in zeit- und raumverschobenen Wirklichkeiten *warum* passiert. Entscheidet sich das Universum, mir als Seher etwas weiterzugeben, nehme ich diese Information wertfrei an und gebe sie weiter, so wie sie mir übertragen wurde.

Meine Visionen: ein Kompass für das Leben

Der Begriff Vision kommt vom lateinischen *visio* und bedeutet so viel wie Erscheinung oder Anblick. Visionen sind Wahrnehmungen, die meist visueller Natur sind. Nicht selten vermischt sich für den Seher das Visuelle mit anderen intuitiven Wahrnehmungen. So kann eine Vision neben visuellen Sinneseindrücken auch einen Geruch haben, oder dem Empfänger werden durch Stimmen Informationen weitergegeben.

Visionen sind Bilder aus dem Universum, aus der intuitiven Wolke, die dem Empfänger eine individuell oder kollektiv bedeutende Nachricht weitergeben.

In der christlichen Mythologie kennt man Visionen als Botschaften Gottes. Visionen müssen nicht immer weltbewegend sein. Sie können ganz einfach auch eine Nachricht oder einen Hinweis zu einer alltäglichen Situation enthalten. Visionen können solch banale Informationen weitergeben wie zum Beispiel den richtigen Umgang mit einer Person, die man zu einer Besprechung trifft.

Visionen »wählen« verschiedene Wege oder Bewusstseinszustände des Empfängers. Je bewusster und offener eine Person ist, desto empfänglicher wird sie für Visionen. Für den erfahrenen Visionär reicht es, dass er die Augen schließt oder sich auf einen Punkt am Horizont konzentriert, die Gedanken in den Hintergrund schiebt und sich auf die Bilder des Universums einlässt. Für weniger Trainierte oder Unerfahrene wählen Visionen, um sich bemerkbar zu machen, einen Zeitpunkt, in dem der Empfänger nicht die Möglichkeit hat, sie mit seiner Ratio zu blockieren. Dies kann zum Beispiel während des Schlafs durch Träume geschehen.

Die nächste Differenzierung bei Visionen ist, ob sie innerlich oder äußerlich empfangen werden. Ein sehr bekanntes Beispiel äußerer visionärer Wahrnehmungen sind zum Beispiel die Marienerscheinungen in Lourdes. Ein anderes bekanntes Beispiel für eine äußere visionäre Wahrnehmung ist der brennende Dornbusch aus dem Alten Testament, den Moses vor sich sah, bevor er die Zehn Gebote empfing.

Den Chroniken zufolge kann man hingegen davon ausgehen, dass der berühmte französische Arzt und Seher Nostradamus (1503–1566) mit inneren Visionen arbeitete.

Zu Beginn meiner Tätigkeit als Medium hatte ich noch sehr viele meiner Visionen in Gestalt von Träumen. Je länger ich mit meinem höheren Selbst arbeitete und je besser sich meine Intuition entwickelte, desto mehr nahmen die visionären Träume ab. Dafür verstärkten sich meine visionären Wahrnehmungen im Wachzustand. So werden mir zum Beispiel während Meditationen immer wieder Visionen eingegeben. Es kann passieren, dass ich in einem Restaurant oder im Flugzeug sitze und plötzlich spüre, dass intuitive Bilder weitergegeben werden möchten. In solchen Momenten ziehe ich mich, ohne dabei aufstehen zu müssen, in mich selbst zurück, um mich innerlich von der Gruppe zu entfernen, mit der ich vielleicht gerade zusammensitze. Ich wende meine Aufmerksamkeit nach innen, spreche mit meinem höheren Selbst und öffne mich den medialen Bildern, um diese interpretieren zu können.

Als meine visionären Träume im Schlaf abnahmen und dafür die Visionen im Wachzustand häufiger wurden, war ich anfänglich verunsichert. Ich hatte das Gefühl, meine Visionen durch Träume seien zuverlässiger als jene im Wachzustand, denn im Schlaf hatte ich weniger Möglichkeiten, unbewusst auf meine intuitiven Bilder einzuwirken und sie dadurch vielleicht zu verfälschen. Daher war es für mich zu Beginn im Wachzustand schwerer, auf die Bilder vertrauen zu können, besonders, wenn sie eine Information weitergaben, bei der es nicht so einfach war, sie anzunehmen.

Damals befragte ich in der Meditation mein höheres Selbst, warum es mir nicht mehr so wie früher möglich sei, Visionen über Träume zu empfangen. Schließlich würde ich Träumen stärker vertrauen als Visionen im Wachzustand. Die Antwort meines höheren Selbst lautete, ich sei mittlerweile an einem Punkt angelangt, an dem es darum ging, mich nicht mehr vom Schlafzustand abhängig zu machen, um Visionen empfangen zu können. Ich sei reif genug, um auch im Wachzustand und ohne Einschränkungen Visionen zu erhalten. Die Antwort leuchtete mir ein, und ich gewann Vertrauen.

Heute bin ich so weit, dass ich meinen intuitiven Bildern mehr vertraue als jenen vermeintlich »realen« Bildern, die ich in den Fernsehnachrichten sehe! Ich stellte im Lauf der Zeit nämlich fest, dass sich meine visionären Eindrücke zu einer bestimmten Situation langfristig als richtiger herausstellten als die Informationen und Bilder, die im Fernsehen vermittelt werden. Durch diese Erfahrungen lernte ich, dass ich fast uneingeschränkt auf meine Visionen vertrauen darf.

Meine Visionen geben mir nicht nur einen Leitfaden für mein eigenes Leben, sondern auch für Entwicklungen in der Gesellschaft. In der Presse werden meine Vorhersagen immer wieder veröffentlicht und mit viel Aufmerksamkeit gelesen. Es wäre natürlich übertrieben zu behaupten, dass meine Vorhersagen zu hundert Prozent eintreffen. Aber ich wage zu behaupten, dass ich mit fünfundsiebzig bis achtzig Prozent eine sehr hohe Trefferquote habe.

Visionen sind wie Landkarten aus der geistigen Welt, die sowohl Eindrücke und Hinweise über Wirklichkeiten und aufkommende Situationen in anderen Realitäten als auch in unserer irdischen Wirklichkeit widerspiegeln. Obwohl die Bilder und Ereignisse, die dem Seher weitergegeben werden, nicht auf bestimmte Kulturen, Länder oder Kontinente beschränkt sind, ändert sich je nach kulturellem Hintergrund die Übersetzung und Deutung. Ein Seher im Amazonasgebiet wird seine visionäre Wahrnehmung nie so übersetzen wie einer aus Mitteleuropa. Aus diesem Grund muss man vorsichtig sein, wenn man mit Prophezeiungen und Visionen eines Sehers aus einer anderen Kultur oder einer anderen Epoche arbeitet. Die Information mag identisch sein, die Übersetzung ist jedoch der eigenen Erfahrung angepasst.

Visionen sind wie die Wetterprognosen im Fernsehen. Sie zeigen Entwicklungen auf, wobei es immer einen gewissen Spielraum gibt. Tritt eine Vision nicht zu hundert Prozent ein wie vom Seher wahrgenommen, bedeutet dies nicht, dass er falsch lag, sondern dass sich möglicherweise seit dem Empfang der Vision etwas weiterentwickelt hat.

Bei mir vermischen sich oftmals Visionen aus unterschiedlichen Dimensionen. Das Universum sendet mir Informationen, in denen sich Bilder aus zeit- und raumverschobenen Dimensionen vermischen. So kann es vorkommen, dass ich eine Vision habe, in der ich Gegenstände oder Wesen aus unterschiedlichen Dimensionen gleichzeitig wahrnehme.

Dies lässt sich am ehesten vergleichen mit einer Lichtprojektion eines Fotos auf die Fassade eines Hauses. Hier vermischen sich die Bilder und Formen der Projektion mit der Fassade und deren Fenstern und Türen.

Ich muss nicht mehr unbedingt meditieren, um Visionen zu empfangen. Es reicht, wenn ich mich kurz auf mein Inneres konzentriere, mich von der Außenwelt löse und mein höheres Selbst bitte, mir eine Vision zu einem Thema zu übermitteln. Meine Visionen sind wie ein roter Faden, der sich durch mein Leben zieht und mir immer wieder wertvolle Informationen zu meinem Leben und zu aktuellen Entwicklungen gibt.

Auch um bereits Vergangenes besser zu verstehen, sind meine Visionen oft hilfreich für mich. In der Welt der Visionen löst sich das uns bekannte Zeitverständnis auf: Die Zeit verläuft dort nicht linear, und das Sehen wird uneingeschränkt multidimensional möglich. Werde ich beispielsweise von einem Kunden gebeten, eine aktuelle Situation zu interpretieren, ist es sehr nützlich, wenn ich erkenne, warum und wie diese in der Vergangenheit ausgelöst wurde und in die Gegenwart hinein fortwirkt. Das Verstehen der Vergangenheit hilft, die Gegenwart positiv zu beeinflussen und die Zukunft besser zu gestalten.

Sich von Visionen nicht abhängig zu machen, ist aber ebenfalls wichtig. In vielen Situationen reicht es, eine rationale Entscheidung zu fällen. Lassen uns Logik und Erfahrung hingegen im Stich oder kommen wir damit zu keinem zufriedenstellenden Ergebnis, kann es hilfreich sein, wenn uns die dritte Wissensquelle, nämlich die der Visionen, zusätzliche Anregungen und Unterstützung geben kann.

Spüren und erfahren

Der Unterschied zwischen der klassischen Fotografie und einem Hologramm ist, dass die klassische Fotografie ein Bild zweidimensional wiedergibt. Das Hologramm hingegen zeigt ein Bild dreidimensional. Nicht anders verhält es sich mit der uns bekannten Realität und den zeit- und raumverschobenen Dimensionen. Unsere dritte Dimension wäre vergleichbar mit der klassischen Fotografie, während das gesamthafte Universum mit all seinen Realitäten dem Hologramm entspräche.

Man stelle sich vor, wie eingeschränkt die Realität sich darstellt, wenn man nur eine Fotografie zur Verfügung hat – und schlimmer noch, wenn das Bild lediglich schwarz-weiß ist. Natürlich kommt man auch mit der Schwarz-Weiß-Fotografie durchs Leben, jedoch viel eingeschränkter, als wenn man die ganzheitlichen Möglichkeiten des Hologramms zur Verfügung hat.

Das gilt auch in der Wissenschaft mittlerweile als gesichert. In der Astro- und Quantenphysik sind diese Erkenntnisse inzwischen Stand der Wissenschaft. Im nächsten Kapitel werde ich konkreter auf die wissenschaftlichen Aspekte der Hologramm-Realität eingehen.

Während meiner Meditationen und seherischen Versenkungen kommt es immer wieder vor, dass sich die Schwerkraft relativiert und ich nicht mehr spüre, wo oben und unten ist. Es fühlt sich an, als würde mein Körper schweben. Dieser Zustand ist mir vom Tauchen her vertraut. Auch in den Tiefen des Wassers, umgeben von der unendlichen Schönheit des Meeres, erlebe ich das Gefühl der Schwerelosigkeit. Genauso verhält es sich in tiefer Meditation. Während mein Körper sitzend oder liegend in der dritten Dimension verweilt, entschwindet mein Geist in unendliche Gefilde. In diesen Gefilden besteht keine Einschränkung in Bezug auf Raum und Zeit.

Im August 2016 reiste ich einer Vision folgend von Panama nach Quito, um eine Schamanin und zwei ihrer Freunde zu treffen. Unser Ziel: die Siona im tiefen Amazonas Ecuadors. Unser Team, bestehend aus vier Abenteurern, kam aus den unterschiedlichsten Ecken der Welt: Karina, die Schamanin, aus Bolivien, ein Kameramann aus Frankreich, sein Freund aus Indien und ich aus Panama. Unser Projekt war ein Dokumentarfilm über die heilige Ayahuasca-Medizin (»Ayahuasca – Auf den Spuren einer uralten Medizin«).

Karina war die Einzige, die wusste, wohin wir reisen würden. Sie stellte den Kontakt zu den Indianern her. Norman, der Stammschamane, ist ihr Ayahuasca-Lehrmeister. Auf

Spanisch nennt man Medizinmänner, die Ayahuasca-Zeremonien durchführen, »Ayahuasqueros«. Norman war also Karinas »Ayahuasquero« und erwartete uns in der grünen Lunge unseres Planeten, einer noch immer fast unberührten Gegend, dem mystischen Amazonas-Urwald.

Geführt wurden wir in den Zeremonien, bei denen die bewusstseinserweiternden Pflanzensäfte getrunken werden, von erfahrenen Schamanen vom Stamm der Siona-Indianer. Diese leben im Grenzgebiet zwischen Ecuador und Kolumbien. Während der Heilzeremonien war es mir möglich, meinen verstorbenen Großeltern zu begegnen, Prophezeiungen zu empfangen und mit dem höheren Selbst verschiedener Familienmitglieder zu kommunizieren. Was mir während einer dieser Zeremonien als sehr eindrücklich in Erinnerung geblieben ist, war die Erfahrung, wie sich mein höheres Selbst ganz von meinem Menschenbewusstsein löste und sich in die Unendlichkeit des Universums begab. Ich sah plötzlich das Universum als Hologramm um mich!

Besonders faszinierend an dieser Erfahrung war für mich die Tatsache, dass jedes einzelne Atom innerhalb des Hologramms eine Verbindung zu einem unabhängig davon existierenden und doch miteinander verknüpften Hologramm darstellt. Dadurch konnte ich mich innerhalb eines Hologramms nicht nur völlig uneingeschränkt bewegen, sondern konnte auch in immer weitere Hologramme eintauchen, die parallel zu existieren schienen.

Diese Erkenntnis war für mich äußerst wichtig. Nicht, weil ich nun glaubte, alles verstanden zu haben, im Gegenteil: Ich erkannte, wie komplex das Universum in Wirklichkeit ist. Doch ich erkannte auch, dass »Wissen« gar nicht so ausschlaggebend ist. Wichtiger ist es, zu spüren und zu erfahren.

Das Hologramm des Universums integrieren

Solange unser Bewusstsein und unser Denken nur auf der »zweidimensionalen Festplatte« laufen, werden wir nie die Möglichkeit haben, die Ganzheitlichkeit des Universums als Hologramm zu verstehen. Solange wir die Erkenntnis des Universums als Hologramm nicht in unser Leben integrieren, können wir die Vielfältigkeit des Lebens niemals ganzheitlich erkennen. Und das wäre doch eigentlich schade, weil wir so die unendlichen Möglichkeiten der Realität nicht bewusst wahrnehmen können.

Meines Erachtens ist sie nichts anderes als der Zustand ganzheitlicher Akzeptanz der zeit- und raumverschobenen Wirklichkeiten in unserem Universum. Es ist bezeichnend, dass ein eigentlich natürlicher Zustand im menschlichen Bewusstsein als etwas »Übernatürliches« ausgegeben wird.

Ich bin oft und lange in Indien gereist, lebte in verschiedenen Ashrams, hielt mich in buddhistischen Klöstern auf und reiste an verschiedene Kraftorte. Damals war ich noch jung und wollte mich erfahren. Natürlich kam ich in meiner jugendlichen Naivität auch nicht darum herum, nach sogenannten Erleuchteten zu suchen. Auf meinen Reisen wurden mir immer wieder solche »spirituellen Meister« empfohlen. Von vielen hieß es, sie seien erleuchtet und hätten einen ganz besonderen Draht zum Universum. Meine Erwartungen sollten sehr bald enttäuscht werden.

Diese spirituellen Meister haben einen direkten Kontakt zum Hologramm des Universums. Doch macht sie das zu Erleuchteten? Sind sie dadurch bessere Menschen? Keiner von ihnen machte auf mich den Eindruck, tatsächlich ein besserer Mensch zu sein. Sie alle haben ebenso ihre Probleme und Schwächen, Abhängigkeiten und Komplexe. In den mir bekannten Fällen waren es nicht die Meister, die besser waren, sondern es waren ihre Anhänger, die solche Erwartungen auf sie projizierten. Solange die Masse der Menschen ihre Erwartungen und Hoffnungen auf einige wenige setzt, wird es nicht möglich sein, dass sich das Bewusstsein global wirklich verändern kann.

In der Tat spielt es keine Rolle, an welchem Ort, mit welcher Theorie und Technik oder mit welchen Göttern oder Glücksbringern Suchende sich der Ganzheit des Universums öffnen möchten. Das Hologramm des Universums lässt sich an jedem x-beliebigen Ort auf diesem Planeten anzapfen. Während meiner Ayahuasca-Erfahrung habe ich erkannt, dass auch innerhalb des Hologramms unendlich viele »schwarze Löcher« Tore zu neuen Hologrammen sind. Genauso vielfältig sind die Tore oder Verbindungspunkte aus der dritten Dimension ins Hologramm des Universums.

Die Entscheidung, ob man mit oder ohne Verbindung zum Hologramm des Universums leben möchte, unterliegt dem freien Willen. Es gibt keinen Zwang. Viele meiner Freunde oder Bekannten leben wie ich in Verbindung mit ihrem höheren Selbst. Manche von ihnen sind in derselben Berufungsgruppe wie ich, andere sind in der Wirtschaft tätig, leben als Künstler, sind Wissenschaftler, Politiker, beim Militär, beim Geheimdienst oder in der Gastronomie. Viele von ihnen sind nicht, was wir gemeinhin als »spirituell« bezeichnen würden. Und trotzdem leben auch sie in Verbindung mit ihrem höheren Selbst und stehen in täglicher Kommunikation mit dem Hologramm des Universums wie ein Hellseher oder Schamane.

Das Hologramm des Universums ist komplex und vielfältig. Es lässt sich weder religiös und schon gar nicht moralisch oder ethisch verstehen, auch wenn viele idealistisch »nur an das Gute Glaubende« dies gerne so hätten.

Das Hologramm wertet auch nicht. Wertungen entstehen erst in der dritten Dimension. Das Hologramm des Universums ist neutral. Die Schwingungen im Universum sind geprägt von Liebe und Harmonie, zugleich aber auch von Zerstörung und Gewalt.

Das Hologramm des Universums entsteht und vergeht. Es atmet, ohne dass man definieren könnte, was nun das Ein- und was das Ausatmen wäre. Irgendwo stirbt ein Wesen und wird zugleich in einer anderen Realität wiedergeboren. Wird jemand geboren, kann nicht ausgeschlossen werden, dass in einer quantenverschobenen Realität deswegen nicht gleichzeitig jemand leiden muss. Stirbt jemand, trauern seine Lieben. Dafür wird die Seele woanders wiedergeboren.

Hindernisse bei der intuitiven Selbstfindung

Die Welt intuitiven Wissens klopft immer wieder und sehr geduldig an unsere Türen. Manche Menschen öffnen schnell und überzeugt, andere unsicher und ängstlich, voller Vorbehalte gegenüber dem Wissen und den Erfahrungen, die durch das Öffnen der Tür entstehen könnten. Sich dem intuitiven Wissen dauerhaft zu verschießen ist allerdings so ähnlich, als weigerte man sich, Bücher zu lesen. Bücherlesen und – heutzutage – durch das Internet surfen sind notwendig, um unser Wissen zu vertiefen.

Das Leben der »normalen« Welt hat seine Berechtigung und ist für viele das gewohnte Umfeld, das heißt aber noch lange nicht, dass es auch die einzige und wahre Realität darstellt, um darin zu leben. Das Leben in der Alltagsrealität nimmt sich im Vergleich aus wie die Bewohner eines kleinen Dörfchens, die nur die lokale Tageszeitung lesen. Auch so lässt sich der Alltag meistern, auch so ist ein geordnetes und zufriedenes Leben möglich. Wer hingegen Wert auf ein Leben mit Wissen und vielseitigen Erfahrungen legt, für den ist das Leben in einem kleinen Dorf ohne Bildungsmöglichkeiten und Wissen über den Rest der Welt schier unmöglich. Leider verhalten sich in unserer Gesellschaft viele so, als ob sie zwar in ihrem kleinen Dorf leben und nur die lokale Presse lesen, meinen aber zugleich, sie wüssten, was am anderen Ende der Welt passiert und wie es sich in den unterschiedlichsten Kulturen lebt.

Nicht umsonst kennen viele traditionelle Gesellschaften Initiationsrituale, bei der Jugendliche auf Wanderschaft geschickt werden, um Erfahrungen außerhalb der Dorfgemeinschaft zu machen oder gefährliche Mutproben bestehen zu müssen. Die Idee dahinter ist, dass junge Menschen erfahren sollen, wer sie sind, um mit diesem Wissen anschließend der Gemeinschaft zu dienen.

In einer Gesellschaft wie der unseren, in der Zeremonien und Initiierungen fast gänzlich verschwunden sind, durchlaufen die meisten die Phase des Erwachsenwerdens ohne eine Einweihung, um mit der eigenen Seele und den eigenen Begabungen in Kontakt zu kommen.

Bei meinen Beratungen mit Einzelpersonen oder Gruppen muss ich immer wieder feststellen, dass viele Menschen sehr wenig über ihre eigenen Talente und ihren eigenen Lebensweg wissen. Unzählige bleiben bis zu ihrem Lebensende Suchende. Dies macht mich traurig, weil ich mit meinen medialen Fähigkeiten die Seele und die Aura der Menschen sehen kann und dabei erkenne, wie weit sie von ihrem Lebensplan entfernt sind. In meinen Seminaren, Vorträgen und Beratungen habe ich es mir zur Aufgabe gemacht, meine Mitmenschen in Kontakt mit der Welt intuitiven Wissens zu bringen, damit sie so in Kontakt mit ihren eigenen Talenten treten können.

Findet man den Kontakt mit dem höheren Selbst und lässt man die Informationen intuitiven Wissens durch sich hindurchfließen, tritt plötzlich eine ganz neue Selbstverständlichkeit gegenüber dem Leben ein. Dann spürt man endlich, wo die eigenen Talente liegen, was der richtige Lebensweg ist und wie man sich mit seinem ganz eigenen Wesen in die Gesellschaft einbringen kann.

Ein Mensch ohne Verbindung zur intuitiven Welt ist vergleichbar mit einer Person, die ihre fünf Sinne nicht ganz beisammen hat.

Für den global vernetzten Suchenden gibt es heute unzählige Möglichkeiten, um »die Cloud des intuitiven Wissens anzuzapfen«. Bücher, das Internet, Seminare und Besuche sowie die Beschäftigung mit verschiedenen Kulturen bieten unbegrenzte Möglichkeiten. Man benötigt dazu nicht mehr, als über die Grenzen der eigenen Ängste und Unsicherheiten hinauszugehen. Vorbehaltlos Suchende erkennen das intuitive Wissen und die Intelligenz des Universums und unterstützen ihn auf seinem Weg. Von Anfang an bekommen wahre Suchende die nötigen Informationen, um die nächsten Schritte auf dem bewussten Lebensweg zu gehen. Doch sind diese Eingebungen und Wahrnehmungen nur dann möglich, wenn man in Verbindung zum höheren Selbst steht. Die »normale« alltägliche Lebenswelt ist kein guter Lebensraum, um seine wahren Talente wirklich zu entdecken und zu nutzen.

Auch wenn es seltsam anmuten mag, es ist nicht verkehrt, in die Legenden und Mysterien vergangener Kulturen einzutauchen. Die Götterwelten antiker oder untergegangener Zivilisationen sind ein kraftvoller Spiegel der menschlichen Seele. Wir brauchen diese Erzählungen nicht wörtlich zu nehmen, dennoch weisen sie uns Wege in die Tiefen der Seele, wo wir umso leichter in Kontakt mit dem höheren Selbst treten können. Die Abenteuer von Helden wie Herkules oder Ardschuna sind Beispiele dafür, wie Legenden sich ins aktuelle Leben übertragen lassen.

Der Weg zur Seele ist raum- und zeitlos. Auf unserem Lebensweg können wir Informationen, Wissen und Erfahrungen aus der Vergangenheit, Gegenwart und Zukunft zu Rate ziehen.

Verständigung im Hologramm

In anderen Universen gibt es ganz und gar unterschiedliche Sprachen. Auf meinen unendlichen Reisen durch raum- und zeitverschobene Realitäten bin ich immer wieder den unterschiedlichsten Kommunikationsformen begegnet, und keine war wie die unsere. Kommunikation erfolgt »dort drüben« von Wesen zu Wesen – telepathisch. Der Inhalt der Informationen bleibt unabhängig von der Dimension gleich, was sich ändert, sind die Zeichen und Symbole. Der Grund ist einfach: Symbole, Zeichen, Farben oder Bilderklärungen sind abhängig von der Gesellschaft, in der sie entstehen.

Vor Jahren war ich für mehrere Monate in Indien und besuchte den Ashram von Sai Baba. Dort war und ist es Brauch, weiße Kleider zu tragen. Weiß stand für Reinheit und Spiritualität. Während einer religiösen Zeremonie, die Tausende von Menschen aus der ganzen Welt anzog, fiel mir plötzlich eine Gruppe schwarz gekleideter Männer auf. Der Anblick war für mich ein Schock! Wie konnte es sein, dass an diesem »heiligen« Ort Menschen zugelassen wurden, die die Farbe des Negativen trugen! Ganz aufgebracht erkundigte ich mich bei einem indischen Freund. Beruhigend und ganz sachlich erklärte er mir, diese Menschen gehörten zu einer religiösen Sekte, bei denen die Farbe Schwarz für Reinheit und Spiritualität stehe. Ich brauchte einige Minuten, bis mir die Bedeutung des Ganzen klar wurde. Doch dann erkannte ich, wie relativ Wertungen von Farben und Symbolen sein können.

Seit zwanzig Jahren gebe ich Seminare, in denen die Teilnehmer lernen, die Kraft der Intuition zu entwickeln. Ein sehr beliebtes Thema dabei ist das Lesen und Interpretieren der Aura. Über die Jahre konnte ich feststellen, dass die Interpretation der einzelnen Farben sehr stark von kulturellen und religiösen Einflüssen abhängt. So kann je nach Kultur Schwarz dem Bösen zugeteilt werden, für andere ist es Symbol für das Gute. Die Farbe Rot bedeutet für manche Liebe, für andere Aggression oder Wut.

Man stelle sich vor, wie unterschiedlich Symbole und Bilder in anderen Universen sein müssen, wenn es auf der Erde schon so viele unterschiedliche Interpretationen gibt.

Andererseits ist die Kommunikation in zeit- und raumverschobenen Universen deutlich einfacher als bei uns auf der Erde. Während wir uns bei den menschlichen Sprachen mit Grammatik und Wortbedeutung herumschlagen müssen, ist die telepathische Kommunikation im universellen Hologramm ein Spiel!

Eine Sonderstellung nimmt dabei die Akasha-Chronik, das übersinnliche »Buch des Lebens«, ein. Es enthält in immaterieller Form eine Art allumfassendes Weltgedächtnis, das von intuitiv medialen Sehern gelesen werden kann. Ich komme später noch auf sie zurück.

Meist werden Prophezeiungen dem Seher durch Bilder weitergegeben. Diese zu deuten ist eine Kunst für sich. Auch heute noch fällt es mir nicht immer leicht, die Bilder des Universums fortwährend richtig zu interpretieren. Könnte ich meine Kommunikationsform mit der Wolke intuitiven Wissens immer selbst wählen, so würde ich stets auf Telepathie setzen. Bei telepathischer Kommunikation übersetzt eine Informationsquelle ihr Wissen in telepathische »Frequenzen« und sendet sie so dem Empfänger zu, damit dieser sie wieder in Wissen zurückübersetzen kann. Die Gefahr, dass Wissen, das über diese »Frequenzen« übertragen wird, falsch übersetzt wird, ist meiner Erfahrung nach geringer als bei der Übertragung von visuellen Bildern.

Dem mental durch Raum und Zeit Reisenden möchte ich raten, bereits vor Heilzeremonien oder tiefen Meditationen das Bewusstsein und das höhere Selbst auf das Empfangen von Bildern (auch telepathischen) einzustellen. Dafür kann es hilfreich sein, durch Meditationen die Kraft des Visualisierens zu unterstützen und mit dem »dritten Auge« zu arbeiten, das eine Wahrnehmung jenseits des gewöhnlichen Sehens ermöglicht. Grundvoraussetzung dazu ist Unvoreingenommenheit und ein unschuldiges Herz. Wer meint, das Universum müsse die Sprache des Empfängers sprechen, wird sehr bald enttäuscht werden und auf dem harten Boden der Realität landen. Hilfreich ist auch, sich mit den verschiedenen Interpretationen der Farben und Symbole durch Bücher über mystische Symbole oder Aurafarben vertraut zu machen. Ergibt sich dann auf der Reise eine Begegnung, und man erhält eine Information, ohne deren Farben oder Symbole zu verstehen, kann man immer noch auf das höhere Selbst zurückgreifen und in einer kurzen Meditation das höhere Selbst nach der Bedeutung der Symbole oder Bilder, die man nicht verstanden hat, fragen. Das höhere Selbst erkennt stets die Bedeutung einer Farbe oder eines Symbols, selbst wenn sie unserem menschlichen Bewusstsein nicht vertraut ist. Es reicht dafür, die innere Stimme nach der Auslegung von Symbolen oder Farben zu fragen.

Die Kraft der Intuition: zu sich selbst finden im Kollektiv

In unserer Gesellschaft arbeiten nur ganz wenige bewusst mit der Kraft ihrer Intuition. Die meisten lassen sich nicht von ihrem höheren Selbst und ihrer Intuition, sondern von Ängsten und Unsicherheiten leiten. Vorbehalte und Vorurteile sind die Hauptblockaden, wenn es um einen guten Kontakt mit der Intuition geht. Der Grund dafür ist ganz einfach: Grundideen darüber, was richtig und was falsch ist, sind nicht universell, sondern oftmals engstirnig und auf veraltete Lebenseinstellungen, dogmatische Religionen und starre Gesetze zurückzuführen. Manche dieser Empfindungen mögen zum Zeitpunkt ihrer Entstehung richtig gewesen sein, andere nicht einmal dann!

Religionen und Gesetze sind meiner Ansicht nach bewusst darauf ausgerichtet, das Individuum an der Verbindung zu seiner Intuition zu hindern. Es ist ein offenes Geheimnis, dass Menschen, die sich von ihrer Intuition leiten lassen, weniger gut zu dominieren und zu manipulieren sind. Angst, egal ob im Bereich der Politik, Religion, Philosophie, Wirtschaft oder der Liebe, ist einer der häufigsten Gründe für die Blockade der seelischen Entwicklung.

Meine Intuition hat mir schon früh geholfen, meine Berufung zu finden. Werde ich gefragt, was ich arbeite, so sage ich, dass ich nicht arbeite ... Oft führt diese Aussage zu Verwirrung: Wie es sein könne, dass ein Mann in meinem Alter nicht arbeite, ist die am häufigsten gestellte Frage. Worauf ich erkläre, dass ich zwar ein viel beschäftigter Mann bin, aber ich mein Tun nicht als Arbeit ansehe. Der Begriff »Arbeit« definiert sich für mich als etwas, das obligatorisch ist und ausgeführt werden muss. Meine Aktivitäten hingegen sind das Ausleben meiner Berufung, die es mir gleichzeitig erlaubt, damit auch Geld zu verdienen. Ich danke Gott oder dem Universum immer wieder, dass er oder es mir die Möglichkeit dazu gegeben hat, Menschen zu helfen und damit meinen Lebensunterhalt zu verdienen. Das höhere Selbst und die damit verbundene Intuition möchten für unseren physischen Körper nur das Beste! Es wird dafür gesorgt, dass es uns gutgeht und wir die Möglichkeit haben, das auszuleben, was wichtig ist für unsere persönliche Entwicklung. Nicht immer mag unsere wirkliche persönliche Entwicklung mit unseren Wunschvorstellungen einhergehen. Manchmal ist es so, dass das Göttliche für uns einen Weg vorherbestimmt hat, der nicht voll dem »Wunschberuf« entspricht. Wehrt man sich dann bewusst gegen die höhere Bestimmung der Seele, wird man nie zu wirklich tiefer Freude und Kreativität finden.

Wer in einer Familie oder einer Gesellschaft aufwächst, die die Intuition achtet, kann sich relativ leicht einfügen. Wird man jedoch in eine Gesellschaft hineingeboren, in der die Kraft der Intuition nicht unterstützt wird, kommt es häufig vor, dass auf dem Weg zur intuitiven Individualität eine Distanz zur Ursprungsfamilie entsteht. In den meisten Fällen ist diese Distanz nur vorübergehend, bis der Weg gefunden ist. Der individuelle Weg spiritueller Entwicklung steht nicht im Gegensatz zur Gesellschaft! Im Gegenteil, ein gesundes höheres Selbst, in Harmonie mit dem eigenen Körper und der kreativen Bestimmung, dient der Gesellschaft mehr als unzufriedene Menschen, die den Weg der Seele noch nicht gefunden haben.

Nur in wenigen Fällen unterscheidet sich der Weg der individuellen Entwicklung so stark vom Kollektiv und von der Herkunftsfamilie, dass die betreffende Person nicht mehr dorthin zurückkehrt. In diesen Extremfällen ist es für alle besser, wenn man die Trennung akzeptiert. Das lehrt die Erfahrung.

Wie man sich im Hologramm bewegt

Während Reisen bei uns auf der Erde bisweilen umständlich und teuer sind, können wir uns im Hologramm spontan, schnell, preisgünstig und umweltschonend fortbewegen. Die Vorbereitungen für Reisen ins Hologramm des Universums sind relativ simpel: Man benötigt nichts weiter als einen ruhigen Ort, an dem man entspannen und ohne Störungen meditieren kann. Empfehlenswert ist es, vor dem Meditieren eine Sitz- oder Liegeposition zu wählen, in der man über einen längeren Zeitraum verweilen kann, ohne sich zu bewegen.

Zwei Möglichkeiten gibt es, sich auf die mentale und intuitive Reise vorzubereiten:

- Man sucht sich Orte oder Wesen, die man besuchen möchte. Dies ist besonders dann zu empfehlen, wenn man an einem bestimmten Thema arbeiten möchte.
- Man lässt sich ohne ein bestimmtes Ziel intuitiv auf die Reise ein und ist offen für Erfahrungen, die sich ergeben, beziehungsweise für Lernerfahrungen, die das Universum und das höhere Selbst für einen auswählen. (Konkrete Schritte zu Meditationen und Reisen finden sich im entsprechenden Abschnitt in Teil 4 »Übungen«.)

Ist man erst einmal auf der Reise, dann besteht normalerweise keine Gefahr, Energien oder Wesen, die einem etwas anhaben könnten, zu begegnen. Allerdings ist die Voraussetzung dafür, dass die eigene Aura im Vorfeld mit gezielten Meditationen und Schutzritualen dagegen gewappnet wird. (Auch diese Rituale beschreibe ich im vierten Teil dieses Buches.)

Im Gegensatz zu Reisen und Erfahrungen im Traum lassen sich Reisen im Hologramm fortwährend beeinflussen.

Dadurch, dass man unterwegs bei vollem Bewusstsein ist, bleibt die Kontrolle über das Erlebte vollkommen erhalten.

Nicht immer ist dies während Reisen mithilfe von psychedelischen Wirkstoffen der Fall. Bei diesen übernimmt oft das höhere Selbst mit solcher Intensität die Kontrolle, dass das Bewusstsein keinen Einfluss mehr hat. Der Vorteil dabei ist, dass die Erfahrungen nicht im Voraus von Vorbehalten oder Ängsten beeinflusst werden können. Der Nachteil liegt auf der Hand: Sind die Erfahrungen so erschütternd, dass sie starke Ängste auslösen, können diese nicht mehr vollständig gesteuert werden. In diesen Fällen ist es ratsam, sich dem Erlebnis einfach hinzugeben, ohne es kontrollieren zu wollen. Da wir in einer sehr durchorganisierten Gesellschaft leben, sind wir es gewohnt, immer die Kontrolle zu behalten. Gerade deswegen sind Erfahrungen mit psychedelischen Hilfsmitteln vorteilhaft, um vom rationalen Denken in die Intuition zu gelangen und sich so voll und ganz der Erfahrung des Hologramms öffnen zu können.

Ohne psychedelische Hilfsmittel spürt der Reisende sanft und klar, wann die Erfahrung zu Ende ist. In diesem Fall reicht eine kurze Konzentration, um in den Körper zurückzukehren. Das Bewusstsein findet automatisch zurück und kehrt ohne weitere Probleme in die Alltagswelt zurück.

Unbedingt abzuraten ist Suchenden, die sich in psychiatrischer Behandlung befinden oder psychologische Probleme haben. Fühlt sich jemand unsicher oder hat das Gefühl, dass der Ausgang der Reise gefährlich sein könnte, so ist es empfehlenswert, diese mithilfe einer geführten Meditation oder eines Rituals durchzuführen. Geleitet werden können solche

Reisen von Therapeuten, Schamanen, Heilern oder Meditationslehrern.

Nach jeder Reise empfiehlt es sich, eine kurze Reinigungs- und Schutzmeditation anzuschließen. Damit wird verhindert, dass Fremdenergien oder Emotionen haften bleiben. Im letzten Teil des Buches gebe ich Hinweise und Anregungen zu Schutzmeditationen.

Auf meinen vielen Reisen und Seminaren, die ich geleitet habe, ist es noch nie vorgekommen, dass ich oder einer der Teilnehmer ernstlich in Bedrängnis geraten wäre. Eine gezielte Vorbereitung, verantwortungsvolles Reisen und ein bewusster und harmonischer Abschluss sind die besten Voraussetzungen, um Erfahrungen in anderen Wirklichkeiten zu einem unvergesslichen Erlebnis werden zu lassen.

Ich wünsche allen Abenteurern auf diesen Reisen wunderschöne, spannende und einzigartige Erfahrungen!

Fertigkeiten für die Reise im Hologramm

Vor Beginn der eigentlichen Reise ins Hologramm braucht es ein gewisses Maß an mentaler und körperlicher Vorbereitung. Entgegen der Vorstellung, speziell in der modernen Spiritualität, spielt dabei der Genuss von Fleisch, Alkohol oder Tabak keine Rolle. Die Qualität der Erfahrungen im universellen Hologramm hängt vielmehr von einem zielgerichteten und gesunden Geist und einer ungehinderten Intuition ab. Die Tatsache, dass weder der Konsum von Alkohol noch Fleisch universell, ja sehr unterschiedlich kulturell behaftet sind, zeigt klar, dass das Universum nichts gegen den Konsum solcher Genussmittel »einzuwenden« hat. Viele hochbegabte Seher, Propheten, Heiler oder Hellseher waren und sind Genussmenschen!

Die Kunst liegt vielmehr darin, dass man dem eigenen Wesen, den Talenten und dem Universum, mit dem man in Verbindung steht, unvoreingenommen und wertfrei gegenübersteht. Zeit- und raumverschobene Wirklichkeiten sind »gesetzlos« – mit anderen Worten, sie unterliegen keinen Einschränkungen!

Vor meinen Reisen entspanne ich mich allerdings so bewusst wie möglich. Aus praktischer Erfahrung weiß ich, was ich vor zeit- und raumverschobenen Reisen in welcher Menge konsumieren kann. Daran halte ich mich, ganz gleich, ob es sich dabei um Alkohol, Fleisch oder Zigaretten handelt.

Ich finde, es gibt nichts Schlimmeres als die Moralapostel unter den spirituellen Meistern, die ihren Schülern mit engstirnigen Vorschriften Angst machen möchten. Interessanterweise sind es fast immer solche, die in der Theorie zwar sehr viel wissen, bei denen es aber an der praktischen Umsetzung mangelt. Gott (dem Universum, der geistigen Welt, dem höheren Selbst) ist es egal, wer was wie konsumiert. Dabei versteht sich von selbst, dass ein Mensch auch mit den Folgen seiner Handlungen leben muss.

Es ist ein offenes Geheimnis, dass viele begnadete Künstler, Wissenschaftler oder Propheten exzessive Genussmenschen waren. Das Genießen ist bei ihnen Ausdruck dessen, dass sie dem eigenen Wohlgefühl mehr Bedeutung beimessen als den äußeren Erwartungen. Selbst wenn das von der Gesellschaft oft als falsch oder lasterhaft gewertet wird, für den Erfahrungswert des Suchenden kann das Genießen durchaus richtig und wichtig sein.

Das ist bekanntlich ein schmaler Grat. Dieser kann, wenn man nicht »trittsicher« ist, in den Abgrund führen. Andererseits ist dieser schmale Grat auch der Weg ins Hologramm des Universums. Mentale Übungen helfen Reisenden dabei, dass ihre Erfahrungen genial bleiben. In den Wahnsinn kann der Grat führen, wenn die erforderliche Selbsteinschätzung und Selbstkontrolle nicht gegeben ist. Zu viel Disziplin und Selbstkontrolle führen andererseits dazu, dass das Genie nie wirklich zum Vorschein kommt!

Regelmäßiges Meditieren und dabei der Stimme des höheren Selbst aufmerksam und wertfrei zuzuhören sind die einfachsten und wertvollsten Hilfsmittel, um sich bewusst und selbstgewiss auf die Reise in die Unendlichkeit zu begeben.

Zu viel auf andere zu hören ist genauso schädlich wie zu wenig auf sich selbst!

TEIL 2

Die Reise

Mein Universum – Abenteuerreise im Hologramm[1]

Als Medium, Hellseher, Remote Viewer und spiritueller Lehrer bewege ich mich bewusst und täglich in unzählbaren Dimensionen.

Ich schlafe sehr gerne und lange. Während der Schlafenszeit träume ich viel und bin weitab menschlicher Realitäten. Nach dem Aufwachen meditiere ich und bewege mich erneut in geistigen Sphären. Später, nach dem Frühstück, dem Lesen der Zeitungen und vielleicht einem kleinen Spaziergang mache ich Beratungen über Skype oder analysiere medial unterschiedlichste Situationen. Während dieser Zeit befinde ich mich wieder in medialen bzw. multidimensionalen Wirklichkeiten. Ich bewege mich in einem Hologramm, um Informationen, Bilder und Eindrücke aus Vergangenheit, Gegenwart, Zukunft oder fernen Dimensionen zu holen. Wenn ich danach einen Artikel schreibe, an einem Buch arbeite oder mich auf ein anderes kreatives Projekt konzent-

1 Folgender Text wurde zuerst in der Schweizer Zeitschrift *Lichtwelle* aus Zürich in der August-Ausgabe 2016 veröffentlicht.

riere, bin ich ebenfalls mehr »drüben« als hier in der dritten Dimension. Am Abend treibe ich etwas Sport, lese ein spannendes Buch oder gehe mit meiner Frau oder Freunden aus. Der späte Nachmittag und der Abend sind für mich eigentlich die Abschnitte des Tages, an denen ich am längsten in der »normalen« dritten Dimension lebe. Wenn ich schlafen möchte, widme ich mich der Traumwelt und tauche wieder ab in parallele Wirklichkeiten.

Multidimensionale Realitäten lassen sich mit einem Hologramm vergleichen. Hologramme sind in den Raum projizierte, dreidimensionale Bilder. (Das ist die technische Beschreibung für ein Hologramm.) Etwas weiter ausgeholt kann man sagen, dass das Universum ebenfalls ein Hologramm ist. Kein dreidimensionales, sondern ein unendliches mit multidimensionalen Wirklichkeiten. Das kosmische Hologramm besteht aus unendlichen Dimensionen, weil jedes Atom, jeder Lichtpunkt und jeder Moment im Hologramm das Tor zu einem weiteren Hologramm ist, das in einer zeit- und raumverschobenen Wirklichkeit existiert. In unserer westlichen Denkweise kommt die Quantenphysik dieser Wirklichkeit am nächsten. Diese versucht, auf wissenschaftliche Weise zu erklären oder zu beweisen, was mediale Menschen tagtäglich vorleben.

Ein Beispiel für meine multidimensionalen Erfahrungen: Ich sitze bei mir zu Hause in der dritten Dimension auf einem Sofa und meditiere. Dabei reise ich in einer zeit- und raumverschobenen Realität an einen Kraftort, um meine Seele aufzutanken. Plötzlich spüre ich intuitiv über die Wahrnehmung meines dritten Auges, dass etwas sehr Wichtiges in der dritten Dimension auf mich wartet. Ich beende die Meditation, gehe spontan zu meinem Computer und finde unter meinen E-Mails einen dringenden Hilferuf: Ich soll eine vermisste Person medial und mit Remote Viewing analysieren. Ich sehe mir das Bild der vermissten Person genau an, schließe meine Augen und meditiere. In der Meditation verlasse ich die dritte Dimension und surfe im kosmischen Hologramm so lange und so weit, bis ich wieder in der dritten Dimension bin, und zwar bei der Person, um die es geht. Nun zappe ich in Sekundenschnelle zwischen Dimensionen hin und her. Fast gleichzeitig, während ich Bilder der Person aus der dritten Dimension sehe, hole ich diese – durch Raum und Zeit über multidimensionale Wirklichkeiten – wieder zu mir in die dritte Dimension zurück und notiere, was mir die Bilder gezeigt haben. Meine mediale Profilanalyse über die Person und deren Umfeld wird also aus der physischen Wirklichkeit in non-physische Realitäten geholt, damit ich sie wiederum in physischer Dimension zu Papier bringe. Das ist ein klassisches Beispiel multidimensionaler Erfahrung in meinem Alltag.

Als Medium und Hellseher lebe ich, ohne zu übertreiben, den größeren Teil des Tages in nicht-physischen Realitäten. Die dritte Dimension ist in meinen Augen unberechenbarer, unkalkulierbarer und gefährlicher als alle mir bekannten multidimensionalen Wirklichkeiten. Für mich ist es einfacher und vertrauter, mich in geistigen Sphären zu bewegen. Ein großer Teil meiner Projekte und Analysen kommt aus der feinstofflichen Welt: Ich entnehme sie dem Hologramm des Universums, der Akasha-Chronik, und gebe sie verbal oder schriftlich in die dritte Dimension weiter. Dieser Vorgang wird Channeling genannt. Ich möchte gechannelte Inhalte nicht auf Nachrichten anderer Wesen aus der geistigen Welt beschränken, sondern auf sämtliche Informationen, die aus multidimensionalen Wirklichkeiten weitergegeben werden. Dabei ist es für mich ganz wichtig, wertfrei zu sein. Viele meiner Berufungsgenossen werten – ganz der christlichen Norm entsprechend – zwischen Gut und Böse. Nicht aus göttlicher Sicht, sondern aus dem doch sehr begrenzten Blickwinkel menschlicher Norm von Ethik und Moral wird gewertet, was sein darf und was nicht, was gechannelt werden darf und was nicht. Wer diesem Glauben folgt, hat die Wirklichkeit der multidimensionalen Realität nicht verstanden.

Wer kann sich schon anmaßen, den ganzheitlichen Plan göttlichen Denkens oder das universelle Gesetz zu verstehen? Es war uns bis zum heutigen Tag nicht möglich und wird uns – zumindest so, wie wir heute denken – auch in Zukunft nicht möglich sein, den Plan Gottes wirklich zu durchschauen. Wir können nicht mehr erkennen, als der enge Blickwinkel unserer Realität(en) es zulässt. Das ist keineswegs falsch, darf aber nicht mit multidimensionaler Wirklichkeit verwechselt werden.

Wo liegt der Unterschied?

Multidimensionale Wirklichkeit kennt keine Grenzen, kein Richtig und Falsch und – ganz wichtig – keine Moral und keine Ethik. Im Hologramm des Universums ist *alles* erlaubt! Es existiert, baut auf, reißt ab, erschafft und zerstört. Das Echo Gottes wird im Universum durch keinen Gedanken der Wertung und kein Wort der Verurteilung blockiert. Widerstands- und wertfrei gleitet es durch Raum und Zeit. Unsere Perspektive in der Welt der Religionen und der spirituellen Philosophien wertet und schränkt ein. Dies geschieht leider immer im Namen eines Gottes oder des Göttlichen, obwohl genau das nichts mit der tiefen, göttlichen Wirklichkeit und der multidimensionalen Realität zu tun hat. Multidimensionales Leben bedeutet, sich nicht auf irdische Gesetze zu beschränken. Aber Achtung! Diese Aussage darf nicht als Carte blanche zur freien und uneingeschränkten Anarchie interpretiert werden. Das Wissen um die Gesetzlosigkeit multidimensionaler Wirklichkeit könnte missbraucht werden, um persönliche Machtansprüche anzuregen.

Wie erkenne ich Grenzen, wenn alles möglich ist?

Auf den ersten Blick ist das eine schwierige Frage. Für den Erforscher geistiger und multidimensionaler Sphären lautet die Antwort: In seiner Gesetzlosigkeit hat das Universum als oberstes Gebot: Leben, überleben und verbessern! Das multidimensionale Hologramm will sich nicht zerstören. Das kleine Ego des Einzelnen könnte dazu neigen, die freie universelle Energie im Hologramm der uneingeschränkten Realitäten für persönliche Macht zu missbrauchen – und ohne Zweifel ist dies schon häufig passiert. Das Universum baut auf Ausgleich und Fortbestand. Nur in Ausnahmen greift es zu brachialen Mitteln, und falls es dies tut, hat es seinen Grund.

Wir versuchen, unsere Gesellschaft und unser Leben ausschließlich nach menschlichen Normen zu verstehen. Damit sollten wir endlich aufhören! Solange Egoismus, Arroganz, Unsicherheiten und Angst vor Machtverlust die Welt dominieren, wird es uns als Kollektiv nie möglich werden, die Ganzheit des Universums zu verstehen. Mit »Angst vor Machtverlust« meine ich nicht nur Bereiche der Wirtschaft und Politik, sondern auch solche der Spiritualität. Wie viele spirituelle Gesetze existieren wohl, weil wir Angst vor dem Unbekannten haben, dem Zerfall des Bekannten und Vertrauten?

Ein sehr wichtiger Aspekt multidimensionaler Existenz ist der Austausch mit Seelen, sowohl bei uns in der dritten Dimension als auch in anderen Sphären. Jede mir bekannte Dimension hat irgendeine Art von beseelten Existenzen. Dabei spielt es keine Rolle, welche Größe der Körper einer solchen Wesenheit hat. Die Wesen dieser Welten haben mich sehr viel gelehrt und mich meiner Seele Stück für Stück nähergebracht. Es war nicht immer einfach, mich in dieser grenzenlosen Realität zurechtzufinden. Nicht selten stoße ich an Grenzen meiner Wahrnehmung und meines Verstandes und muss mich fragen: Kann das sein? Ich lerne immer wieder dazu und erkenne, dass in der Tat alles möglich ist und sein kann. Das ist einer der Gründe, warum ich mich in meinem physischen Körper sehr oft extrem eingeschränkt fühle. Die Freiheit und Endlosigkeit, die ich als multidimensionales Wesen bewusst lebe und genieße, kann man mit

Worten nicht beschreiben. Auf meinen Reisen durch Raum und Zeit gibt es keine Grenzen. Es ist wunderbar, zu erkennen, wie weitläufig das Universum ist – wie endlos weit! Schon öfter musste ich bei solchen Reisen vor Entzücken weinen und fand mich mit nassen Wangen vor, als ich in meinen Körper zurückkehrte. Emotionen können von einer Dimension in die andere mitgebracht werden.

Jeder Tag ist ein neues Geschenk des Universums, und jeden Abend blicke ich dankbar darauf zurück. Wenn spannende und tiefgehende Erfahrungen des sich verabschiedenden Tages hinter mir liegen, freue ich mich auf die Nacht mit ihren Träumen. Meine multidimensionale Existenz genießt die Zeit der Träume genauso wie jene im Wachzustand. Das Leben ist eine endlose Wanderung durch Raum und Zeit. Die Seele lässt dabei immer wieder den Körper hinter sich, so wie ein Wanderer seine Schuhe, Hemden und Hosen, wenn er nach Hause zurückkehrt. Auf multidimensionalen Reisen lässt die Seele ihr Kleid, den Körper, in der dritten Dimension zurück und genießt ihre Erfahrungen nackt und uneingeschränkt.

Als Menschen sind wir die Kleider für die Seele, und es ist wichtig, dass wir erkennen, welche Aufgabe uns zusteht. Problematisch wird es, wenn die Kleider die Kontrolle übernehmen wollen. Der weise Mensch ist sich bewusst, dass er das Kleid ist, und überlässt der Seele das Handeln und die Ausführung wichtiger Entscheidungen. Damit sind wir wieder beim Channeling angekommen, der Übermittlung von Informationen aus geistigen Sphären. Diese führen dich durch dein Leben und lassen es zu einem einzigartigen Abenteuer werden. Genieße die Wanderschaft und lerne gleichzeitig!

Multidimensional zu existieren bedeutet nicht, dich aufzugeben, im Gegenteil: Es bedeutet, dass du endlich *du* selber wirst.

Reisen über Kontinente und durch Raum und Zeit

Beim Reisen durch Raum und Zeit sind die Ziele ebenso vielfältig wie die Fortbewegungsmittel. Ein einfacher Gedanke, das Festlegen eines Zieles, das Fokussieren einer Vision reicht in den meisten Fällen, um das höhere Bewusstsein auf das Ziel auszurichten. Wir sind es gewohnt, dreidimensional zu denken. Dies setzt voraus, dass wir ein klares Ziel, ein finanzielles Polster und eine ungefähre Idee der Reiseroute haben. Selbstredend kann sich dies während der Reise wieder verändern. Dennoch kann man in der dritten Dimension nicht einfach ohne Vorbereitungen das Haus verlassen, anders als bei Reisen durch Raum und Zeit.

Ich bin als Reisender geboren worden: Am Tag meiner Ankunft hier auf der Erde lebten meine Eltern als Schweizer in Paris. Nach mehreren Monaten zog die Familie in die Schweiz, nach Winterthur. Dort wurde mein Bruder geboren, und kurz danach ging es nach Chicago in die USA. Von Chicago erneut nach Winterthur, von dort nach Ettlingen im Baselland und nach einigen Jahren weiter nach Therwil im selben Kanton. Nach der Schule und einer Ausbildung zog es mich wieder in die weite Welt: Ich hatte Geld gespart, wollte in Kuba Fotografie studieren und Spanisch lernen.

Dieser für mich so wichtige Lebensabschnitt war vor 27 Jahren. Seither zog es mich durch Dutzende von Ländern, ich wohnte auf mehreren Kontinenten und lernte neue Sprachen. Das Reisen war nicht immer einfach. Sprachbarrieren, kulturelle Missverständnisse, politische Unruhen, wetterbedingte Hindernisse und finanzielle Engpässe ließen mich meine Pläne oftmals überdenken.

Gott sei Dank ist mir auf meinen Reisen fast nie etwas zugestoßen, das wirklich lebensbedrohlich gewesen wäre. Allerdings wurde ich auch einmal körperlich bedroht, von der Polizei verhaftet und wurde krank, was mich an den Rand der Verzweiflung brachte.

Dennoch, nichts konnte mich von dem abbringen, was für mich am wichtigsten ist: dem Weg meiner Seele zu folgen!

Bei meinen ersten Reisen durch Raum und Zeit war ich verunsichert. Wie vielen anderen Menschen kamen auch mir Geschichten zu Ohren, wie gefährlich so etwas sein kann, dass Reisende nicht mehr zurückgekommen waren, dass sie von fremden Wesen und anderen Energien besessen waren.

Nun bin ich ein Abenteurer, und jene Erzählungen verunsicherten mich anfänglich zwar, doch vom Reisen abhalten konnten sie mich nicht.

Auch probierte ich verschiedene »Antriebsmittel« aus, um auf Reisen in zeit- und raumverschobene Wirklichkeiten zu gehen. Verstärkend sind zum Beispiel pflanzliche Wirkstoffe wie Marihuana, Ayahuasca, San Pero, Mescalin, psychoaktive Pilze oder chemische Substanzen wie LSD oder MDMA (Amphetamin, Ecstasy).

Um sich an solche Substanzen heranzuwagen, ist es wichtig, dass man die eigene Psyche gut kennt und über eine emotionale Stabilität verfügt. Und selbst dann ist es auf jeden Fall angebracht, Zeremonien, bei denen bewusstseinsverändernde Drogen zum Einsatz kommen, nur mithilfe eines erfahrenen Schamanen oder Therapeuten zu unternehmen.

Viele vertreten die Meinung, dass Hilfsmittel wie die oben genannten überflüssig seien und man im Universum auch ohne Hilfsmittel reisen könne. Theoretisch ist diese Aussage nicht falsch. Praktisch jedoch ist es so, dass die oben genannten Substanzen dazu führen, dass man intensivere Erlebnisse hat, weiter und tiefer in die eigene Seele und in äußere raum- und zeitverschobene Realitäten reist.

Bei diesen Erlebnissen – auch Musik spielt hier übrigens eine wichtige Rolle – fühlt man sich ähnlich wie beim Tauchen. Tauchen ist wie eine Vorstufe zu Reisen in andere Wirklichkeiten. Lange, nachdem ich meine Medialität entdeckt hatte und Reisen in andere Sphären für mich ganz alltäglich wurden, erkannte ich, dass das Tauchen ein erster Schritt in diese Richtung gewesen war.

Während der Taucher im Wasser den Anzug und die Sauerstoffflasche spürt und die Schwerelosigkeit bewusst wahrnimmt, fällt dies bei Reisen im Hologramm komplett weg! Für mich sind diese Reisen immer eine Befreiung, ein Gefühl der Ekstase und der unendlichen Freiheit. Ich fühle mich in meinem physischen Körper wohl, ich lebe gerne und genieße die körperliche Dimension meines Lebens. Dennoch lassen sich diese Empfindungen nicht mit dem vergleichen, was man im Hologramm erfährt. Beim Verlassen des Körpers und Eintauchen in die feinstofflichen Sphären ist die erste Empfindung die Befreiung von der Schwerkraft.

Was als Nächstes passiert, hängt von der eigenen Ausrichtung ab. Auch beim Verlassen des Hauses tun sich ja prinzipiell immer mehrere Möglichkeiten auf!

Bei Reisen im Hologramm des Universums funktioniert unsere Intuition wie das GPS im Auto. Die Intuition lässt einen frühzeitig erkennen, ob der eingeschlagene Weg der ist, den man gehen sollte oder mit welchen Begegnungen zu rechnen ist. Nie habe ich mich auf meinen unzähligen Reisen im Hologramm alleine gefühlt. Immer gab mir meine Intuition Hinweise darauf, was zu erwarten sei, oder ich wusste zumindest, in welche Richtung ich reisen würde – nicht nur in zeit- und raumverschobenen Wirklichkeiten, sondern auch hier im irdischen Leben.

Immer wieder werde ich gefragt, ob das Leben überhaupt noch interessant sei, wenn ich immer schon wisse, was passieren würde. Nun, es ist nicht so, dass ich bis ins letzte Detail sehe, was wie wo passieren wird. Durch meine intuitiven Wahrnehmungen erkenne ich allerdings die Grundrichtung des Weges und sich abzeichnende Situationen. Überrascht werde ich somit nicht von Grundsituationen, sondern von den entstehenden Emotionen oder gewissen Umständen bei den Erlebnissen, die ich im Vorfeld bereits erspürt habe oder erkennen konnte.

Zeit- und raumverschobene Wirklichkeiten sind – wie die physische Realität – von Wesen, Elementen, Natur, Gerüchen, Farben etc. bestimmt. Auf der Erde gibt es neben dem Menschen unzählige Tiere, Pflanzen, Gesteine. Selbst in einer menschenleeren Gegend existieren Millionen von Lebewesen. Unabhängig davon, wohin die Reise führt – man ist umgeben von Seelen.

»Dort drüben« ist der Raum ebenfalls von Lebewesen, Energien, Astralwesen, Geistführern, Schutzengeln, Außerirdischen, Verstorbenen, Fabelwesen, Zwergen, Dämonen und anderen Seelen besiedelt, die wir oft nicht einmal benennen können, da sie uns gänzlich unbekannt sind.

Deshalb ist es bei den ersten Reisen in raum- und zeitverschobenen Wirklichkeiten hilfreich, eine Begleitung an der Seite zu haben. Bei Ritualen kann ein Schamane oder Therapeut den Einstieg unterstützen. Unterwegs in anderen Sphären können Geistführer, Verstorbene oder Schutzengel hilfreich sein. Sind uns die Wesen bekannt, können sie schon vor der Reise um Beistand gebeten werden. Auch kann man das Universum bitten, ein gut gesinntes Wesen zur Unterstützung zu senden. Oft wähle ich verstorbene Angehörige dazu aus, mich auf einer Reise zu begleiten. Dann sehe ich zudem, dass es ihnen auf der anderen Seite nicht nur gut, sondern viel besser geht als auf der Erde. Es ist auch schon vorgekommen, dass ein Verstorbener, den ich gerufen habe, nicht gekommen ist. Und zwar nicht, weil er oder sie nicht wollte, sondern weil die Seele in der eigenen Entwicklung bereits weitergegangen war. Dafür gibt es zwei Gründe: Die Seele ist schon so weit ins Licht gerückt, dass die emotionale Verbindung mit den Hinterbliebenen aufgelöst ist. Der andere Grund wäre, dass die Seele in einem neuen Körper inkarniert ist. Solange eine Seele in der Nähe ist, sich wohlfühlt und Reisende schützen oder begleiten will, kann man sie rufen. Sich auf Seelen Verstorbener zu fixieren, sollte man unterlassen, wenn man beim Anrufen spürt, dass die Seele in Ruhe gelassen werden möchte.

Menschen, die sehr selbstsicher und klar durchs Leben gehen, haben normalerweise keine Probleme bei Reisen durch raum- und zeitverschobene Realitäten. Fehlendes Selbstvertrauen und fehlende Stabilität im Alltag können jedoch zu Unsicherheiten und Unklarheiten bei Reisen im Hologramm führen. Daher ist es wichtig, dass der oder die Reisende seine bzw. ihre eigene Persönlichkeit ehrlich einschätzt, um sich vorzubereiten. Bei Zweifeln oder Unsicherheiten ist es auf jeden Fall angebracht, Rat und Unterstützung bei einem Experten einzuholen. Dieser Experte kann ein Therapeut, Heiler oder Schamane sein.

Bei plötzlicher Unsicherheit oder Unwohlempfinden kann die Aura durch Meditationen auch während des Reisens immer wieder gestärkt und geschützt werden.

Was die Grenzen beim Unterwegssein in anderen Dimensionen angeht, habe ich erst einmal gespürt, dass ich nicht weitergehen darf. Das war beim Tod meiner Großmutter, als diese ihren Körper verließ. Physisch war ich in Bolivien und sie in der Schweiz. Als sie ihren Körper verlassen durfte, sah ich, wie mein Großvater, ihr Ehemann, auftauchte und sie abholte. Beide wandelten sie an mir vorbei und entschwanden in einen Lichttunnel. Ich war in einer tranceähnlichen Sphäre und schwebte ihnen hinterher, um zu sehen, wo sie hingehen würden. Ein leichter Sog zog mich immer tiefer in den Lichttunnel hinein, den man sich ungefähr so vorstellen kann, wie wenn man durch dichten Nebel fährt, der hell beleuchtet ist. Ich schwebte hinter den beiden her, bis ich an einem Punkt spürte, dass meine Seele nicht mehr in den Körper zurückfinden würde, wenn ich jetzt weiterginge. Mit anderen Worten, ich würde sterben. Spannend fand ich, dass ich hier auch wieder den freien Willen erkannte. Keine innere Stimme sagte mir konkret »Geh zurück« oder »Geh ruhig weiter«. Mein höheres Selbst gab mir ganz neutral und sachlich ein, dass es kein Zurück geben würde, wenn ich hier weiterginge.

Ich drehte mich um und ging wieder auf meinen Körper zu. Die Rückkehr zum Körper war mit großer Wehmut verbunden. Die Schönheit, die Stille, die göttliche Geborgenheit, wie ich sie »dort« spüren konnte, ist mir davor und auch seither nie wieder begegnet!

Das Erlebnis war für mich wunderschön. Sehr berührend fand ich, wie mein Großvater meine Großmutter abholte. Er schien in eine Uniform gekleidet und sie in ein schönes weißes Kleid, das mich an ein Brautkleid erinnerte. Die beiden wandelten durch den Lichttunnel, als würden sie einer göttlichen und ewigen Hochzeit entgegengehen.

Für mich war es wichtig und beruhigend zugleich, zu sehen, dass die Existenz nach dem physischen Ableben weitergeht. Diese Erkenntnis nahm mir die letzte noch vorhandene Angst vor dem Sterben.

Ich habe keine Angst vor dem Tod, aber Respekt und Furcht vor dem Prozess des Sterbens. Um dieser Angst entgegenzutreten, habe ich mich kurz nach dieser Erfahrung mit meinen Großeltern dazu entschlossen, in der Schweiz einer legalen Organisation beizutreten, die freiwillige Sterbebegleitung unterstützt.

Jetzt, da ich die geistigen Gesetzmäßigkeiten im Universum besser verstehe, finde ich es nur natürlich, dass man den Menschen die Möglichkeit gibt, selbst zu entscheiden, wann und wie sie gehen möchten. Ich finde es abstrus, dass lebensverlängernde medizinische Maßnahmen als normal, lebensverkürzende Hilfsmittel aber so kontrovers diskutiert werden. Aus Sicht der Seele ist »lebensverlängernd« oder »lebensverkürzend« dasselbe.

Die Begegnungen und Erlebnisse auf diesen Reisen sind vielfältig, und man muss darauf vorbereitet sein, dass man Wesen oder Umgebungen sieht, die man sich im Traum nie hätte vorstellen können. Es kann sogar sein, dass man Farben sieht, die man von der Erde nicht kennt.

Eine weitere Besonderheit auf den Reisen ist, dass man, wie auch im normalen Alltag, nicht kontrollieren kann, welchen Wesen oder welchen Situationen man begegnen wird. Auch gibt es Menschen, die durch ihr negatives Denken schwierige und komplizierte Situationen anziehen. Sogar in der Tierwelt verhält es sich so: Wandern Zehntausende Gnus durch die Steppen Afrikas, so werden von den Jagdtieren nur jene angefallen, die schwach, verletzt oder anderweitig unsicher wirken.

Auch bei uns Menschen wählen Kriminelle ihre Opfer meist nach einem bestimmten Profil aus, was nicht zwingend körperliche Schwäche beinhaltet. Oft reicht es, dass der Täter intuitiv spürt, dass eine Person leichter zu berauben oder zu hintergehen ist als eine andere.

Menschen, die auf der Erde tendenziell eher Zielscheibe von Gewalt und Kriminalität sind, haben auch in der geistigen Welt die Tendenz, Opfer energetischer Angriffe zu werden. Irdische Schwächen treten auch im Hologramm mit größerer Wahrscheinlichkeit zutage. Unser Leben auf Erden spiegelt unsere Existenz und Realität in zeit- und raumverschobenen Realitäten wider. Ein klar ausgerichteter Geist, eine starke Psyche und ein gesundes spirituelles Selbstbewusstsein sind hilfreich, um auf Reisen in zeit- und raumverschobene Dimensionen bestens beschützt zu sein!

Der Weg zurück

Immer wieder hört man Warnungen, nach Reisen aus dem Körper nicht mehr den Weg zurückzufinden. Meines Erachtens ist dieses Risiko unter »normalen« Umständen ausgeschlossen. Mithilfe eines gesunden Geistes und einer guten Führung findet man immer wieder zurück.

Eigentlich sind es ja auch keine tatsächlichen »Reisen«, die unternommen werden. Die Definition einer Reise, so wie wir sie kennen, beruht darauf, dass ein Ort verlassen wird, um einen anderen Ort zu besuchen. Bei Reisen in andere Dimensionen verhält es sich etwas anders: Unsere Seele verlässt nie wirklich den Körper. Korrekter wäre der Begriff einer »Ausdehnung«. Die Seele dehnt sich in andere Wirklichkeiten aus, dabei »verlässt« sie den Körper nicht wirklich. Die Aura bleibt während der Reisen immer mit dem Körper in Verbindung.

Führe ich während meiner Seminare oder Vorträge die Teilnehmer auf Reisen, stehe ich mit den verschiedenen Wirklichkeiten in Verbindung. Ich führe zwar die Teilnehmer in zeit- und raumverschobene Universen, bleibe selbst aber immer mit meinem Bewusstsein vornehmlich in der dritten Dimension. Zwischendurch öffne ich meine Augen und beobachte die Körper und die Auren der Teilnehmer.

So kann ich sehen, wie das Bewusstsein der Reisenden sich ausdehnt und diese sich in den zeit- und raumverschobenen Wirklichkeiten bewegen. In keinem Moment sind die Aura und damit das Bewusstsein der Menschen vom physischen Körper gekappt. Am ehesten lässt sich das mit einem Gummiband vergleichen: Wird es in die Länge gezogen, dehnt es sich, wenn man es loslässt, kehrt es automatisch wieder in seine ursprüngliche Form zurück. Genau das Gleiche passiert mit der Aura, der Seele und dem Bewusstsein während der Reisen. Sobald der Reisende bereit ist, dehnen sich Seele und damit Aura und Bewusstsein in andere Dimensionen aus. Sobald die Aufmerksamkeit während der Reise von den anderen Dimensionen abgezogen wird, zieht es das Energiefeld oder die Aura des Reisenden automatisch wieder in den Körper zurück.

Mir ist es bei meinen vielen Reisen erst einmal passiert, dass ich während einer Rückkehr in den eigenen Körper in eine Dimension gelangt bin, in der ich mich etwas unwohl fühlte. Der Raum, durch den ich damals gezogen wurde, war dunkel. Überall um mich herum und in mir hörte ich das Wispern von Stimmen. Diese Erfahrung erinnerte mich an Geschichten aus der griechischen Mythologie über den Hades, jene Zwischenwelt, in der die menschlichen Seelen nach dem Tod verweilen.

Ich muss gestehen, dass mir in diesem Moment etwas unwohl war und ich Angst bekam. Ich sprach mir selbst Mut zu, konzentrierte mich auf mein höheres Selbst und steuerte bewusst auf meinen irdischen Körper zu. Bald darauf spürte ich mich wieder in meinem mir wohlbekannten Körper und öffnete die Augen.

Unser Körper übt auf unsere Seele eine Anziehung aus, die der irdischen Schwerkraft vergleichbar ist. Auf meinen Reisen in anderen Dimensionen komme ich immer auch an einen Punkt, an dem ich spüre, dass ein Weitergehen nicht ratsam ist.

Auf der oben erwähnten Reise spürte ich zum Beispiel, dass meine Seele nicht mehr in den Körper zurückgehen würde, wenn ich weiterreisen würde. Nicht, weil sie den Weg nicht finden würde, sondern weil es dem Überschreiten des Hades gleichkäme. Die Seele würde sozusagen in das Reich der Toten dringen und nicht mehr zurückkehren (wollen). Bewege ich mich durch feinstoffliche Welten, so spüre ich die Verbindung mit meinem Körper, vergleichbar mit einem Ball, der durch ein elastisches Band mit der Hand verbunden ist. Hält man einen solchen Ball in der Hand und wirft ihn weg, geht er nicht verloren. Sobald das Band überspannt ist, zieht es den Ball automatisch zurück. Nicht anders fühlt es sich für meine Seele auf solchen Reisen an. Wenn die Zeit gekommen ist, zieht es meine Seele bewusst in den Köper zurück! Komme ich wieder in meinem Körper an, fühlt es sich an, wie wenn man sich rückwärts auf eine weiche Matratze fallen lässt. Wohlige Wärme durchdringt das Bewusstsein, und ich bin froh, den Körper wieder um mich herum zu spüren.

Grundlagen der Magie

> *Magie ist das bewusste Manifestieren spiritueller Gesetzmäßigkeiten.*
>
> Martin Zoller

Der Begriff Magie kommt über das lateinische *magia* vom altgriechischen Wort *magos* und bezeichnete ursprünglich einen persischen Priester oder Traumdeuter. Magie wird heute im Allgemeinen mit Zauberei oder der Zauberkunst gleichgesetzt. Ein Magier nutzt seine Kenntnisse aus dem Hologramm des Universums und über die Gesetzmäßigkeiten in zeit- und raumverschobenen Wirklichkeiten, um in unserer Dimension die uns bekannten Naturgesetze zu beeinflussen und zu verändern.

Der italienische Philosoph Tommaso Campanella (1568–1639) erkannte schon früh, dass Magie eigentlich nur etwas den Menschen bisher Unbekanntes umfasst. Im Lauf der

Geschichte und der menschlichen Entwicklung wurden zahlreiche Phänomene, die sich die Menschen früherer Zeiten nicht erklären konnten, wissenschaftlich erklärt und so für uns ganz alltäglich: »Alles, was die Wissenschaftler in Nachahmung der Natur oder, um ihr zu helfen, mithilfe einer unbekannten Kunst vollbringen, wird Magie genannt. Denn Technologie wird immer als Magie bezeichnet, bevor sie verstanden wird, und nach einer gewissen Zeit entwickelt sie sich zu einer normalen Wissenschaft.«

Ursprüngliche Magie darf demnach nicht mit der uns bekannten Zauberkunst der Illusionisten verwechselt werden. Ein Zauberer oder Illusionist nutzt auf der Bühne Tricks oder auch Sinnestäuschungen, die auf komplizierten Abläufen vorbereiteter Handlungen basieren, um den Zuschauer in Erstaunen zu versetzen und zu unterhalten.

Zaubertricks haben demnach rein gar nichts mit »Magie« im ursprünglichen Sinne zu tun. Ein wirklicher Magier nutzt keine Tricks und benötigt auch keine physischen Gegenstände, um seine Kunst umzusetzen. Er schöpft aus seinem Wissen und seinen Erfahrungen über spirituelle und mystische Gesetzmäßigkeiten.

Leider hat der Begriff »Magier« in unserer Gesellschaft einen schlechten Ruf. Das ist traurig und auch falsch, weil diese besonderen Persönlichkeiten oftmals die Gesetze des Universums verstanden haben. Sie sind wie »Handlungsreisende« zwischen den Welten, die sich darauf verstehen, diese miteinander zu verknüpfen. Schamanen, Heiler, Medizinmänner (ursprüngliche »Ärzte«), Hellseher, Alchimisten (ursprüngliche »Wissenschaftler«), Visionäre, Seher, ja auch

Hebammen (ursprüngliche Ärztinnen) haben Berufe, denen in alten Zeiten die Kraft der Magie zugeschrieben wurde.

Magische Kräfte sind zunächst einmal neutral. Erst in der Philosophie und Religion werden sie in moralische Kategorien wie Schwarz oder Weiß, Böse oder Gut unterteilt.

Interessanterweise sind es gerade die monotheistischen Religionen, die diese Unterteilung in Gut und Böse, Weiß oder Schwarz, Richtig oder Falsch so vehement vertreten. Polytheistische Religionen sehen die ganze Thematik meist etwas offener. Sie integrieren Götter und Energien leichter. Dies betrifft auch den Umgang mit der Magie. In Religionen, in denen nur ein Gott besteht, wird automatisch der Anspruch erhoben, der eigene »einzige« Gott sei der richtige, und alle anderen falsch. Folglich ist auch alles, was dem eigenen Gott nicht entspricht, falsch oder im übertragenen Sinne »schwarz«.

Langweilig wird es mir als Seher nie! Mein Tätigkeitsfeld ist so vielseitig wie vermutlich nur in ganz wenigen »Berufszweigen«. Ich lese Auren, Chakras, reise in die Vergangenheit oder Zukunft. Mit Remote Viewing besuche ich Orte weit entfernt von mir und treffe Wesenheiten in anderen Welten. Der Arbeitsradius eines medial veranlagten Menschen beträgt nicht nur 360 Grad. Dadurch, dass wir uns nicht bloß in unserer physischen Realität bewegen, dehnt sich der Begriff Realität fast unbegrenzt aus! Das Reisen in verschiedene Dimensionen, das Analysieren von Vergangenheit und Zukunft oder das mediale Besuchen ferner Orte macht die Arbeit in unserer »Zunft« so spannend.

Nebst der Vielfältigkeit unserer Techniken und Werkzeuge gibt es die mögliche Aufteilung der Arbeiten in unterschiedliche moralische und ethische Richtungen. In unserem Verständnis von Gut und Böse oder Richtig und Falsch würde man hier von weißer und schwarzer Magie sprechen.

Wer sich mit der Kraft der Magie ganzheitlich auseinandersetzen möchte, muss zunächst die Gesetzmäßigkeiten des Universums verstehen. Diese setzen voraus, dass die Urkraft der Magie wertfrei und uneingeschränkt eingesetzt werden kann. In früheren Zeiten nutzten Alchimisten verschiedene Pflanzenwirkstoffe, Edelmetalle sowie ihr astronomisches oder astrologisches Wissen und ihre Erfahrungen über die Gesetzmäßigkeiten des Universums, um Menschen zu heilen, sie in ihrem Sinne zu beeinflussen oder um neue wissenschaftliche Erkenntnisse zu gewinnen – sie sind also die Urväter der modernen Wissenschaft. Ein Magier kennt die Mysterien der hermetischen Wissenschaft und der traditionellen Medizin, bestehend aus pflanzlichen Substanzen und dem Einfluss der Astrologie oder kosmischer Energien.

Der erste Schritt, um bewusst mit Magie arbeiten zu können, ist das Verständnis und die Beherrschung der zeit- und raumverschobenen Wirklichkeiten. Es geht darum, zu lernen, wie Informationen, Energien oder sogar Elemente von einer Dimension oder Wirklichkeit in die andere gebracht werden können. Unterstützt werden kann solche Arbeit nebst dem Wissen um ihre Gesetzmäßigkeiten auch in der Zusammenarbeit mit Wesenheiten aus den unterschiedlichen Dimensionen. Verschiedene Religionen und Kulturen haben dazu unterschiedlichste Hilfsmittel oder Zeremonien entwickelt.

Die Tatsache, dass es zahllose Rituale und Hilfsmittel gibt, zeigt auf, dass es keine Rolle spielt, welches Hilfsmittel oder welches Ritual für magische Praktiken Anwendung findet. Diese lassen sich sogar ganz ohne Hilfsmittel durchführen. Es reicht, wenn der Seher oder Magier die Kraft seiner Gedanken und die klare Absicht dessen, was erreicht werden soll, ins Universum einfließen lässt. Für die universellen Energien, die durch magische Zeremonien hin und her transportiert werden, spielt es keine Rolle, ob und welche Hilfsmittel benutzt werden oder für was die Kraft der Magie eingesetzt wird, denn sie verhalten sich neutral.

Um beispielsweise die Kraft der Heilung zu aktivieren, werden verschiedene Zeremonien, Techniken und Symbole eingesetzt. Diese sind sinnvoll und funktionieren tatsächlich, solange der Praktizierende und der Heilung Suchende daran glauben. Streng genommen funktioniert das bisweilen sogar, ohne dass die Beteiligten auch nur einen Finger rühren müssen. Ein fokussierter Gedanke, eine zielgerichtete Verbindung ins Universum zu zeit- und raumverschobenen Wirklichkeiten sowie ein Energieschub zum Zielobjekt reichen aus, um die »Magie« in Aktion treten zu lassen. Und zwar unabhängig davon, ob es um Heil- oder Schadenszauber geht. Meist dient ein Ritual dem Placebo-Effekt. Nicht anders verhält es sich allerdings auch in der modernen Medizin. Unzählige Experimente zeigen, dass dieser in vielen Fällen genauso gut funktioniert wie eine »richtige« Pille.

Um die Jahrtausendwende lebte ich mit meiner damaligen Freundin, einer Modedesignerin aus Bolivien, in Indien. In

Noida, einer Industriestadt nicht weit von Delhi, mieteten wir uns eine Wohnung. Meine damalige Partnerin produzierte in einer Fabrik Noidas eine neue Kollektion. Ich half ihr dabei und lernte viel über die Kunst der Kleiderproduktion.

Die Vermieterin unserer Wohnung, eine jüngere Frau mit einem sehr netten Mann und einer niedlichen Tochter, war höchst fasziniert, als ich ihr von meiner medialen Begabung erzählte. Nach mehreren Wochen und nachdem das Vertrauen zwischen ihr und uns aufgebaut war, erzählte sie mir, wie sie vor einigen Jahren fast gestorben sei. Die Ärzte hatten sie quasi aufgegeben und ihr gesagt, dass sie nicht mehr lange zu leben habe. Als sie mir das erzählte, sah sie mit Tränen in den Augen ihre Tochter an, die neben ihr saß.

In dieser Zeit der Hoffnungslosigkeit und Verzweiflung erzählte ihr ein entfernter Verwandter von einem Wunderheiler, einem Swami, der schon totkranke Menschen geheilt habe. Patienten kamen aus der ganzen Welt zu ihm. Weil sie nicht mehr alleine gehen konnte, musste unsere Vermieterin damals auf einer Bahre in den Ashram des Heilers getragen werden. Ihre Augen leuchteten, als sie mir davon erzählte. Mehrere Wochen verbrachte sie beim Swami (dessen Namen ich leider heute nicht mehr weiß). Tagtäglich wurde sie von ihrem Mann zum Heiler getragen, so lange, bis sie wieder gehen konnte! Tag für Tag, Woche für Woche schritt ihre Genesung voran, bis sie eines Tages den Ort ihrer Heilung auf ihren eigenen Füßen verlassen konnte.

Als sie mit ihrer Geschichte zu Ende war, zitterte sie leicht angesichts ihrer Heilung, und mich durchfloss ein warmer

Strahl. Dort muss ich hin, dachte ich für mich, und da fragte sie mich auch schon, ob wir, meine Freundin und ich, nicht den Ort besuchen wollten.

Ohne zu überlegen, sagte ich zu. An diesen Ort wollte ich! Ich hatte schon so viel über Wunderheiler gehört, erlebt hatte ich allerdings bis dahin noch keinen.

Man bat mich, für seine Biografie ein Kapitel über meine Erfahrungen mit ihm zu schreiben. Dadurch konnte ich im Vorfeld und auch nach seinen Heilungen mit ihm zusammenzusitzen. Für seine Behandlungen benötigte er nur einfache Küchenmesser. Für mich als Beobachter waren diese Therapieverläufe sehr eindrucksvoll, und ich hatte danach auch die Möglichkeit, mit seinen Patienten zu sprechen. Ausnahmslos waren diese begeistert von seinen magischen Heilfähigkeiten und seinen Operationen. Nachdem er an einem Nachmittag über hundert Patienten behandelt hatte, saß ich mit ihm zusammen in seinem Zimmer, und er erzählte mir etwas mehr über seine Arbeit und seine Vorgehensweise. Dabei verriet er mir, dass er eigentlich ebenso gut ohne Messer heilen könnte. Für seine Patienten sei es jedoch wichtig und überzeugend, im Voraus zu sehen, dass er bei ihrer Therapie physische Hilfsmittel einsetzen würde. Diese Aussage ließ mich keinesfalls an seiner Begabung zweifeln. Im Gegenteil, sie ließ mich erkennen, wie tief sein Vertrauen und sein Einblick in die Kraft der universellen Magie tatsächlich war.

Magie wird nicht nur in der Welt der Menschen eingesetzt. Um Energien von einer Dimension in die andere oder von einem Zustand in den anderen zu befördern, ist sie in sämtlichen mir bekannten raum- und zeitverschobenen Dimensionen bekannt. Der Unterschied ist nur, dass viele Menschen zur Ausübung von Magie noch Hilfsmittel einsetzen müssen, um sich und andere zu überzeugen, dass sie auch tatsächlich funktioniert.

In der Welt der Lichtwesen ist das Umsetzen der magischen Kraft oft nichts anderes als die Formulierung eines Gedankens, um konkret und bewusst eine Handlung zu initiieren. In zeit- und raumverschobenen Dimensionen bin ich Wesen begegnet, die mit ihrer magischen Kraft im Bruchteil einer Sekunde ganze Landschaften, riesige Gebäude oder Gegenstände von unendlicher Schönheit entstehen und wieder im Nichts verschwinden lassen konnten.

Die Teleportation von Objekten und menschlichen Körpern ist auch eine Form von Magie. Die »Kraft Gottes«, wie man echte Magie auch bezeichnen könnte, ist in anderen Dimensionen der natürliche Fluss von kreativen Energien, um einen x-beliebigen Ort, Gegenstand, ein Wesen oder ganze Wirklichkeiten zu bewegen oder zu verändern. Für Wesen aus anderen Dimensionen ist Magie wie für uns Menschen Telepathie. Ob Gedanken, Emotionen oder Objekte mit der Kraft des höheren Selbst beeinflusst werden, spielt dabei keine Rolle. Ich hatte bei einer meiner Begegnungen die Möglichkeit, eines der Wesen aus anderen Dimensionen zu fragen, wie sie die Umsetzung unserer rituellen Zeremonien wahrnehmen.

Das Wesen musste zunächst lachen, antwortete dann aber recht einfühlsam: magische Rituale und Zeremonien seien für sie gleichfalls brachial und archaisch. Für sie, die unsere

Entwicklung kennen, sind unsere Rituale mit Räucherstäbchen, Energiesteinen, Mandalas, Glücksbringer, groß angelegten Feuerzeremonien oder tagelanges Meditieren nachvollziehbar. Sie mit ihrer enormen Entwicklung können ihre Rituale nur mit der Kraft ihrer Gedanken und der Intuition durchführen. Ein Lichtwesen kann einen Gedanken von einem Ende des Universums zum anderen senden und damit im wahrsten Sinne der Worte Welten bewegen oder zumindest Menschen heilen.

Höhere Wesen brauchen keine Räucherstäbchen, Weihrauch oder Salbei anzuzünden, um einen Raum zu reinigen. Ein Gedanke – und ein ganzer Palast ist energetisch gesäubert!

Nach diesem Gespräch kam ich natürlich nicht umhin, für mich selbst zu experimentieren. Während mehrerer Monate führte ich unzählige Zeremonien und Rituale durch, um zu sehen, wie das Gelernte umzusetzen sei.

Ich fing bei mir an. Um meine damalige Wohnung zu reinigen, zündete ich kein Räucherholz an, sondern meditierte, visualisierte eine starke Heilkraft, die durch die Räume schwirrte, um die Aura der Räumlichkeiten zu reinigen. Ich war positiv überrascht, wie gut die Energie im Raum nach der Visualisierung tatsächlich war. Anhand der Aura konnte ich das ja überprüfen.

Als Nächstes setzte ich die Technik bei Klienten ein. Anstatt mit bloßen Händen oder Quarzen zu heilen, setzte ich mich vor die Kunden und arbeitete mit der geistigen Kraft meiner Gedanken. Kein magisches Ritual, kein Hilfsmittel! Der konzentrierte Geist reichte, um den Klienten zu helfen.

Ich war fasziniert! Das Lichtwesen hatte recht. Es sind keine Hilfsmittel nötig, um Magie umzusetzen.

Der für mich nächste Schritt lag in einer Art praktischer Magie für Kunden, die konkrete Ziele erreichen wollten, etwa ein geschäftliches Projekt erfolgreich umsetzen. Je länger ich die Technik des Lichtwesens umsetzte, umso mehr Spaß machte es mir. Ich kam mir vor wie Harry Potter, nur ohne Zauberstab! Dank meiner Aurasichtigkeit konnte ich sehen, wie helle Energie aus meinen Händen in Richtung des Ziels floss, um das es ging. Goldenes oder grünes Licht floss aus meinen Händen zum Klienten und in dessen Aura, um diesen zu heilen. Zimmer wurden durch die konzentrierte Kraft meiner Gedanken und medialen Kraft gereinigt, Geschäftsleuten half ich, Hindernisse aus dem Weg zu räumen und Projekte schneller umzusetzen.

Ich lernte schnell, dass neben intuitiven Gedanken in Form von Farbstrahlen, die ich aussendete, auch Gebete oder Mantras Rituale unterstützen können. Diese stellte ich von Fall zu Fall neu zusammen. War jemand krank, so lautete mein Gebet etwa folgendermaßen:

»Göttliches Licht und heilende Kraft, bitte löse den Schmerz aus dem Hals von Max! Amen!« Zeitgleich sendete ich aus meiner Aura gelbes oder hellgrünes Licht in die Aura von Max und zu dessen Hals.

Sah ich in der beruflichen Entwicklung eines Kunden, dass eine gewisse Person negativ auf einen guten Ausgang wirkte, betete ich beispielsweise: »Göttliches Licht und produktive Kraft, hilf Herrn Kunz, dass die negative Person aus seinem Leben verschwindet. Amen!«

Gleichzeitig sendete ich gelbes oder hellgrünes Licht auf den Lebensweg von Herrn Kunz und bat dieses Licht, die betreffende Person von Herrn Kunzens Weg wegzuführen.

Ich kann nur raten, dies selbst einmal auszuprobieren und zu üben. Es funktioniert in der Tat!

Wer die Kraft der Magie beherrscht, hat fast uneingeschränkte Möglichkeiten: Welche Mittel dafür ein- oder welche Ziele umgesetzt werden, hängt, wie schon erwähnt, von nichts anderem als der Absicht des Praktizierenden ab. In meinem Bekanntenkreis finden sich Praktiker der weißen und schwarzen Magie und solche, die beide nutzen. In der Aura von Menschen, die einer der beiden Richtungen anhängen, lassen sich interessanterweise wenig Unterschiede erkennen. Es ist ein reines Vorurteil, wenn behauptet wird, dass ein Praktiker der schwarzen Magie automatisch eine negative Aura haben muss – ebenso wenig wie ein Söldner im Irak oder Afghanistan automatisch eine böse Aura haben muss, nur weil er das Handwerk des Tötens beherrscht.

Auf meinen Reisen bin ich nicht nur den unterschiedlichsten Magiern, sondern eben auch immer wieder Söldnern begegnet. Viele von ihnen sind Familienväter, haben Kinder und sind liebenswerte Menschen.

Es ist einfach, zu werten oder zu verurteilen, solange man selbst noch keine Erfahrungen gesammelt hat. Besonders in »spirituellen« Kreisen urteilen Menschen sehr gerne, und verurteilen, was angeblich oder vermeintlich schlecht sei. Vielfach wird in diesen Kreisen schubladenartig in Richtig und Falsch, Gut und Böse, Schwarz und Weiß eingeteilt.

Interessanterweise sind die wenigsten dieser selbst ernannten Moralapostel in ihrem Leben schon einmal einem Schwarzmagier, einem Söldner oder einem Diktator begegnet. Hätten sie diese Erfahrungen gemacht, würde ihr Urteil vermutlich weniger voreingenommen ausfallen.

Weder Gott noch das Universum noch die Schöpferkraft sind pazifistisch. In der Unendlichkeit des Universums, von der weitesten Galaxie bis zum tiefsten Inneren der menschlichen Seele, gilt die Dualität. Allerdings kann sich ein jeder entscheiden, welche der vielen Aspekte und Möglichkeiten er oder sie einsetzen möchte und welche nicht. Niemals sind die eigenen Kräfte, egal ob gut oder böse, schwarz oder weiß, die einzig richtigen. Das Universum wertet nicht, und je nach Situation müssen auch die Kräfte der Magie unterschiedlich eingesetzt werden.

Nach dem Arbeiten mit magischen Energien ist es wichtig, dass der Praktizierende sich reinigt. Diese Reinigung sollte je nach Ritual physisch und energetisch oder nur energetisch sein. Bei magischen Ritualen hingegen, in denen nichts weiter als die Kraft der Intuition, der Gedanken oder des Herzens eingesetzt wird, ist eine Reinigung des physischen Körpers nicht erforderlich. Kommen hingegen Elemente wie Feuer, Erde oder Wasser zum Einsatz und wird mit Rauch, Steinen oder Edelmetallen gearbeitet, so ist auch eine Reinigung des physischen Körpers und sogar ein Wechsel der Kleidung angebracht.

Dem Schüler magischer Techniken möchte ich hier etwas ganz Wichtiges mit auf den Weg geben: Arbeite ich während einer Zeremonie voll und ganz gedanklich und visuell, erübrigt es sich, vor und nach dem Ritual mit Steinen oder Räucherstäbchen zu arbeiten.

Je nach Absicht und Kraft, die ich einsetzen möchte, kann ich die Hilfe von Wesen der dritten Dimension – Menschen oder Lichtwesen – in Anspruch nehmen. Diese Unterstützung kann hilfreich sein, wenn es darum geht, etwas zu erreichen, von dem man spürt oder weiß, dass es nicht leicht umzusetzen ist. Das ist wie bei einem Umzug, wo es Gegenstände wie Stühle, kleine Schubladen oder Lampen gibt, die man selbst tragen kann. Große Gegenstände wie Tische, Flügel oder Schränke sollte man jedoch nur zusammen mit anderen tragen, um sich nicht zu schaden oder die Dinge zu beschädigen.

Wie viel man sich selbst zutrauen darf, was man verantworten möchte und was nicht, sollte man immer wieder intuitiv abklären. Wichtig zu wissen ist, dass sich der Einsatz der Mittel je nach Zeit und Umstand verändern kann. Denn natürlich kommt es vor, dass Erkenntnisse aus vergangenen Ritualen in einer neuen Situation nicht mehr gelten oder sich die Zielsetzungen unterwegs verändern.

Spirituelle Unterstützung und »Reiseandenken«

Bei meinen eigenen Reisen bin ich immer in Kontakt mit meiner Aura und achte darauf, dass sie geschützt ist. Auch für Schamanen in indigenen Kulturen ist der Schutz des Energiekörpers sehr wichtig.

Unterwegs gelangt man immer wieder in Energieräume, die mit den unterschiedlichsten Dingen ausgestattet sind: Das können uns bekannte Objekte sein, etwa Tische, Kristalle, Diamanten, Edelmetalle, Werkzeuge oder gar Schutzanzüge, aber auch allerlei Unbekanntes. Fühlen wir uns während einer Astralreise in eine andere Dimension unsicher oder haben wir das Gefühl, nicht genügend geschützt zu sein, reicht ein bloßer Gedanke, um das Energiefeld erneut zu stärken, indem wir ein Wesen oder ein beliebiges Hilfsmittel anziehen und dieses um Schutz und Unterstützung bitten. Niemand muss sich vor einer Reise Sorgen machen, dass plötzlich etwas fehlen könnte. Das Manifestieren ist in anderen Dimensionen viel einfacher als hier bei uns.

Auch auf meinen Reisen in viele verschiedene Länder mit ihren jeweiligen Kulturen besuche ich immer wieder Kraftorte und meditiere dort. Während dieser Meditationen besuche ich Energie- und Krafträume in zeit- und raumverschobenen Wirklichkeiten, die an die jeweiligen Kulturen, in denen ich mich befinde, gebunden sind. Dort treffe ich auch auf Wesenheiten, mit denen ich mich unterhalten kann, und diese Begegnungen sind unglaublich spannend. Ich erfahre dabei nicht nur viel über die fremden Kraftorte, sondern auch über die früheren Kulturen dort. Besonders interessant ist dann bei meiner Rückkehr in die dritte Dimension die Unterhaltung mit Einheimischen oder einem Tourismusführer, um festzustellen, dass die Leute vor Ort noch wissen, was an den jeweiligen Orten früher geschehen ist. In den meisten Fällen deckt es sich mit meinen Kenntnissen, aber nicht selten weiß ich mehr als die heutigen Bewohner. In manchen

Fällen unterscheiden sich unsere Informationen, aber ich lege keinen Wert darauf, und es ist oft auch sehr schwierig, darüber zu diskutieren, was nun tatsächlich richtig oder falsch ist. Erfahrungsgemäß sind die Informationen, die ich von Lichtwesen bekomme, für mich vertrauenswürdiger sind als die von Menschen.

Gegenstände, die man während der Reisen in andere Sphären findet oder die einem übergeben werden, dürfen mit zurückgenommen werden. Natürlich manifestieren sie sich nach der Rückkehr auf die Erde nicht körperlich. (Es ist nicht so, wie wenn man während einer Reise eine Kirche besucht und sich am Eingang ein Kreuz oder eine Devotionalie kauft.) Doch auch, wenn man die Gegenstände aus zeit- und raumverschobenen Realitäten nicht »mitnehmen« kann, lassen sie sich nach der Rückkehr doch noch einsetzen. So können sie beispielsweise in die Aura integriert bleiben und weiterhin Schutz bieten. Oder man »hinterlegt« sie auf einem imaginären Altar, damit sie einem während der Meditation Kraft geben. Diese Schutzwirkung verliert sich normalerweise nicht, sondern bleibt dauerhaft erhalten.

Mein Haus ist voller Gegenstände, die ich von Reisen aus unterschiedlichsten Kulturen mitgebracht habe. Die Gegenstände hängen an den Wänden, stehen auf Tischen, auf Fensterrahmen oder liegen als Teppiche auf dem Boden. Nicht so offensichtlich und für jedermann sichtbar sind Gegenstände und andere Energieformen, die ich von meinen multidimensionalen Reisen mitgebracht habe. Dem intuitiven Besucher fallen diese manchmal auf. Andere sehen sie nicht, spüren aber, dass etwas im Raum vibriert.

Telepathie

Telepathie als die gängigste Form der nonverbalen Kommunikation zwischen Menschen wird oft missverstanden. Viele gehen davon aus, dass Telepathie direkte Gedankenübertragung zwischen Menschen ist. Dass dies nur *eine* Ausdrucksmöglichkeit dieser Seelensprachenform ist, wissen nur wenige.

Telepathie ist nicht nur gedanklich möglich, sie kann auch mit jedem der sieben Hauptchakras praktiziert werden. In meinen Seminaren lehre ich, wie man sich mit den Chakras verbindet, um dann eine telepathische Verbindung mit anderen Seminarteilnehmern und selbst nicht anwesenden Personen herzustellen.

Über das dritte Auge telepathisch zu kommunizieren können sich viele vorstellen, nicht jedoch, wie das zum Beispiel über das fünfte Chakra möglich ist.

Das fünfte Chakra steht für Kommunikation und Kreativität. Möchte ich jemandem kreative Unterstützung senden oder Inspirationen geben, so mache ich dies über das fünfte Chakra. Beim Senden von Liebes- oder Herzenergie setze ich das vierte Chakra (Herzchakra) ein.

So kann ich mich etwa vor Besprechungen intuitiv bzw. telepathisch auf das kommende Gespräch vorbereiten. Vor diesem meditiere ich und sende von meinem fünften Chakra Energie in Richtung des Gesprächspartners, um zu sehen, wie dasselbe Chakra der anderen Person auf mich reagiert. Erhalte ich positive und offene Rückmeldungen von deren Chakra, wird das Gespräch einfach verlaufen.

Mit dieser feinstofflichen und doch sehr effizienten Kommunikationsform kann ich bereits im Vorfeld gewisse Situationen abschätzen und ermessen, wie die Möglichkeiten oder Erfolgschancen bestellt sind.

Bei einer gewünschten Kontaktaufnahme mit meinem Schutzengel oder Geistführer sende ich telepathisch Gedanken ins Universum und bitte um eine Verbindung mit dem Lichtwesen.

Telepathische Gedanken können ohne einen bestimmten Empfänger ins Universum gesendet werden. So ist es möglich, Hilfe oder Informationen anzufordern, indem zum Beispiel Fragen telepathisch ausgesendet werden. Dann wartet man darauf, dass ein Wesen in einer anderen Dimension den Gedanken aufnimmt und reagiert.

Telepathie fließt in vielen Fällen unbewusst. Den ganzen Tag über kommunizieren wir bewusst oder unbewusst telepathisch mit Menschen, Tieren und sogar Pflanzen.

Ein alltägliches Beispiel unbewusster Telepathie ist es, an eine Person zu denken, die dann zwei Minuten später anruft. Der Skeptiker könnte behaupten, dass dies Zufall sei. Nur ereignet sich dies nicht bloß bei Anrufen, sondern auch »zufälligen« Begegnungen mit Menschen auf der Straße. Man denkt an jemanden, und drei Minuten später trifft man die Person an der Kreuzung.

Der Energie- oder Aurakörper ist frei von Raum und Zeit und bewegt sich immer ein Stück vor unserer physischen Gegenwartsrealität. Mit anderen Worten, das höhere Selbst ist der Gegenwart immer »einen Schritt« voraus. Aus diesem Grund ist es möglich, dass intuitiv über das höhere Selbst Informationen, Gefühle und Ereignisse aus der Zukunft in der Gegenwart wahrgenommen werden können.

Begegnet die Aura einer Person einer anderen Aura, so unterhalten sich beide und wissen, dass in naher Zukunft eine physische Begegnung stattfinden wird.

Das höhere Selbst trägt diese Information der Begegnung in die menschliche Gegenwart. Das Gehirn nimmt diese Information über die Seelensprache wahr und übersetzt sie. Man könnte dies als einen Gedanken bezeichnen, ein Gedanke an die Person, die gleich angetroffen wird. Es spielt keine Rolle, ob nur eine oder gleich beide Personen bewusst eine Kontaktaufnahme vornehmen, oder ob es für beide zufällig ist.

Die beschriebene Form der Telepathie lässt sich ohne Weiteres auch bewusst im Alltag einsetzen. Möchte man mit einer Person Kontakt aufnehmen und hat keine Möglichkeit, da zum Beispiel die E-Mail-Adresse oder die Telefonnummer unbekannt sind, kann man versuchen, den Kontakt telepathisch herzustellen. In diesem Fall denkt man wiederholt an die Person. Man erhofft sich so, dass die andere Person die »Anfrage« spürt und aktiv reagiert. Bei mir funktioniert diese Technik sehr gut!

Weiter Fortgeschrittene können Telepathie zum Beispiel beim Remote Viewing bewusst und erfolgreich einsetzen (s. folgender Abschnitt).

Ein Hellseher kann mit einer zu observierenden Zielperson telepathisch Kontakt aufnehmen, um zu sehen, welche Pläne, Absichten oder Handlungen diese hat. So können zum Beispiel Politiker einer gegnerischen Partei analysiert werden. Anwälte können medial analysiert werden, um zu spüren, wann oder wie diese als Nächstes handeln werden.

Kritikern sei gesagt, dass unter bestimmten Umständen eigene Regeln erforderlich sind. Wenn man erfolgreich und als Sieger hervortreten will, ist es notwendig, sich manchmal über vorgegebene Ideen und Normen zu erheben. Vermutlich ist dies der Unterschied zwischen dem Durchschnittsmenschen und dem Gewinner. Der Durchschnittsmensch bleibt immer in der Mitte hängen, bindet sich oft sogar freiwillig an nötige und unnötige Vorgaben. Der überdurchschnittliche Kämpfer und Stratege weiß wann und wie seine Regeln zu kreieren und seine Möglichkeiten zu verbessern.

Im Universum ist alles möglich, weder Gott noch Engel oder andere Lichtwesen grenzen ein. Regeln, wie sie philosophisch oder religiös festgelegt wurden, entstanden nicht im Universum oder für das Universum, sondern zur Kontrolle des Bürgers innerhalb einer Gesellschaft, und um der Machtelite zu helfen, in ihrer Position verbleiben zu können.

Telepathie ist die Sprache des Universums. Sie ist frei von Gut und Böse oder Richtig und Falsch. Telepathie hat die Kraft und Dynamik eines Wildfeuers, das sich durch die Steppe brennt, oder eines Windes, der durch die Bergtäler zieht. Ihre Kraft ist unbändig und hat eine starke Eigendynamik, die kontrolliert werden muss.

Remote Viewing

Remote Viewing wurde von der CIA entwickelt,
nicht von Mutter Teresa!

Martin Zoller

»Remote Viewing« (Fernwahrnehmung), die moderne Form des Hellsehens, wurde in den Siebzigerjahren des 20. Jahrhunderts in den USA entwickelt und unter anderem zu militärischen Zwecken erforscht. Über Remote Viewing lassen sich Dinge wahrnehmen, die man mit den fünf Sinnen nicht erfassen kann, dafür lassen sich mit ihr Orte und Situationen unabhängig von Zeit und Raum erreichen.

Bereits in der Antike diente die Kraft der Intuition zu Spionagezwecken, politisch, militärisch und wirtschaftlich. Seit es Menschen gibt, setzen Herrscher und Eroberer auf die Unterstützung von Medien, Hellsehern und Schamanen. Und auch heutzutage stützen sich manche Regierungen auf eine solche Beratung.

Früher war das »Geheimwissen« von Sehern von der Öffentlichkeit abgeschirmt, spielte sich in Tempeln und Kreisen Eingeweihter ab. Den meisten Menschen war nicht bewusst, dass wir *alle* göttliche Wesen sind und somit Visionen empfangen können. Heute wissen wir, dass die Verbindung zum göttlichen Bewusstsein nicht auf einige wenige Auserwählte – Priester, Schamanen oder Angehörige bestimmter Kulte – beschränkt ist. Nein, jeder Mensch hat die Möglichkeit, sich für Visionen und Astralreisen zur Verfügung zu stellen.

Die Technik des Remote Viewing (RV) ist die moderne Form der Verbindung zur göttlichen Urquelle oder – wie die Inder sagen – zur Akasha-Chronik. (Diese ist, der indischen esoterischen Überlieferung zufolge, das »Buch des Lebens«, in dem alles verzeichnet ist, was je geschehen ist, gedacht und gefühlt wurde und wird.) Dieser Zugriff lässt sich mit einer Internetrecherche vergleichen: Wenn man einen Suchbegriff eingibt, dann erhält man über das Word Wide Web Informationen aus sämtlichen Ländern, wo etwas zu diesem Thema eingetragen wurde. Das World Wide Web ist somit eine demokratische Möglichkeit der Informationsbeschaffung. Mit Remote Viewing verhält es sich genauso, es steht uns allen zur Verfügung.

Bewusst kam ich das erste Mal 2004 mit Remote Viewing in Berührung. Damals las ich *Memoirs of a Psychic Spy* von Joseph McMoneagle (dt. Titel: *Mind Trek. Autobiographie eines PSI-Agenten*). Das Buch begeisterte mich, zeigte es mir doch, dass eine Methode, die ich seit Jahren erfolgreich angewendet hatte, tatsächlich einen Fachbegriff hatte! Ich vertiefte mich in diese Technik, lernte immer neue Aspekte dazu und spürte, dass ich sie gleichzeitig verbessern konnte. Meine Form der Fernwahrnehmung nenne ich daher »Freestyle Remote Viewing« (FRV). Seither gebe ich weltweit Seminare zu FRV und arbeite damit auch in Krisen- und Kriegsregionen, wofür die Technik eigentlich entwickelt wurde. Zu meinen Kunden zählen Politiker, Militärs, Journalisten, CEOs großer Firmen, private und staatliche Sicherheitsunternehmen, Firmeninhaber und Projektentwickler.

Immer wieder wird der Vorwurf erhoben, Remote Viewing für diese Zwecke einzusetzen sei ethisch nicht oder nur bedingt vertretbar. Dem widerspreche ich und sage frei mit Napoleon: Im Krieg und in der Liebe ist alles erlaubt. Die Kraft der Intuition ist an keine ethischen Vorschriften gebunden, sie ist neutral.

Die Kraft der Intuition im Einsatz: Bundeswehr und Bauunternehmung

Über meine Internetpräsenz kontaktierte mich vor einiger Zeit Thomas aus Deutschland. Er hatte auf Facebook meine Veröffentlichungen gelesen und hinterließ dazu immer wieder positive und konstruktive Kommentare. Im Frühsommer 2018 traten wir erstmals via E-Mail in direkten Kontakt. Thomas war früher Berufssoldat und hatte während seiner Armeezeit intensive Erfahrungen mit der Intuition gemacht. Wie er mir erzählte, hatte sie ihm und seinen Kameraden sogar das Leben gerettet! Seine Erfahrungen sind so spannend, dass ich ihn bat, mir einen Bericht über seine Erfahrungen zu schreiben, und er gab mir die Erlaubnis, sie in diesem Buch zu veröffentlichen. Dafür möchte ich mich bei Thomas herzlich bedanken. Folgend sein Bericht:

> Meinen ersten Kontakt mit dem Thema Intuition hatte ich beim Abschluss meines Unteroffizierslehrgangs. Mein damaliger Zugführer war Wünschelrutengänger, eine Gabe, die er von seinem Großvater geerbt hatte. Ob es um Brunnenbau,

das Errichten eines Hauses oder um Schlafstörungen ging, immer wurde er in seinem Heimatort, einer kleinen Gemeinde, um einschlägigen Rat gefragt. Das sollte ich aber erst am Abschlussabend meines Lehrgangs erfahren.

Den verbrachten wir ausgelassen mit verschiedenen spaßigen Aktionen am Ende eines ernsthaften und fordernden Lehrgangs. Eine dieser Aktionen bestand darin, vergrabene Wasserkanister mithilfe eines Drahtes zu finden. Ich selbst glaubte nicht so recht an die ganze Sache, und meine Kameraden, die vor mir vergeblich nach den Kanistern gesucht hatten, schienen mir recht zu geben. Dann kam ich an die Reihe, und ich kam mir etwas albern vor mit dem Draht in der Hand. Ich ging also auf der Suche nach Wasser durch das Gelände. Na, hoffentlich macht niemand ein Foto, dachte ich mir noch. Das kann nicht klappen. Doch schon nach kurzer Zeit bewegte sich der Draht und schlug sehr stark aus. Ich hatte den ersten Kanister gefunden. Mein Zugführer sah mein Erstaunen und musste lachen. Innerhalb kurzer Zeit hatte ich alle vergrabenen Kanister gefunden. Für den Rest des Abends war ich von meiner neu entdeckten Fähigkeit fasziniert. Am nächsten Morgen bei der Zeugnisausgabe gab mir mein Zugführer noch einen Tipp mit auf den Weg: »Machen Sie was aus Ihrem Talent, das ist sehr selten.«

Später wurde ich Feldwebel und nach einigen Stationen an die Infanterieschule nach Hammelburg versetzt. Dort sollte ich Personal für Auslandseinsätze – Unteroffiziere, Feldwebel und Offiziere – ausbilden. Ein Teil der Ausbildung würde der Orts- und Waldkampf sein.

Um mich möglichst gut auf meine Lehrgänge vorzubereiten und

mich selbst weiterzubilden, beschäftigte ich mich mit kriegsgeschichtlichen Beispielen und suchte, wann immer möglich, das Gespräch mit Weltkriegsteilnehmern. So nutzte ich das damals noch durchgeführte Treffen der Ritterkreuzträger zur Kontaktaufnahme. Zu meinem Erstaunen berichteten viele von einem Vorwissen, einem unbestimmten Bauchgefühl, das eine Gefahr frühzeitig ohne erkennbaren Grund erahnen lässt. Viele erzählten mir auch, dass sie auf Fronturlaub verzichtet hatten. Denn manche Kameraden, so ihre Beobachtung, hatten nach dem Urlaub diese Fähigkeit für ein paar Wochen verloren. Viele von ihnen waren genau dann gefallen. Das zu hören hat mich wirklich überrascht. Ich hörte mehrmals davon.

Nun zu meinen eigenen Erfahrungen: Nach einigem Bitten bei meinem Kompaniechef bekam ich endlich die Zuweisung zum französischen Einzelkämpferlehrgang. Taktiken hinter feindlichen Linien, Überleben in der Natur, Nahkampf, Schießtechniken und Durchführung von Sprengungen waren nur einige der Inhalte bei diesem Lehrgang mit Abschlussprüfung.

Die Übung wurde auf sehr schwierigem Gelände durchgeführt. Hinzu kommt, dass es in der Nacht streng verboten war, eine Taschenlampe zu benutzen, die Gefahr der Entdeckung war zu groß. Doch die Wälder in Frankreich waren gerade bei Nacht viel schwieriger zu durchqueren als in Deutschland. Bäume bleiben hier einfach liegen, was sie inklusive dichtem Buschwerk zu fast undurchdringlichen Hindernissen werden lässt. Auch gab es selbst bei Tag wenig Licht, das durch die Baumwipfel fiel. Um möglichst schnell und geräuschlos voranzukommen, befahl ich den Männern meines Zugs, sich jeweils am Rucksack des Vordermannes festzuhalten. Ich ging als Erster voran, meine Männer folgten. So ging es einige Stunden langsam durch die Dunkelheit; alles dauerte viel länger, als ich berechnet hatte. Um den Auftrag doch noch erfüllen zu können, mussten wir wesentlich schneller vorankommen.

Der verdammte Zeitdruck, die Last der Ausrüstung, die Hindernisse und die Dunkelheit kosteten Nerven – wir hatten es aber laut Karte wohl in Kürze geschafft, es konnte nicht mehr weit sein, und wir müssten bald in einen lichteren Wald kommen. Also volle Konzentration und weiter, dachte ich, die verlorene Zeit einholen. Doch dann stoppte ich plötzlich, irgendetwas in mir sagte *Halt*. Es war so finster, dass meine Sicht gerade noch dreißig Zentimeter betrug. Ich ging in die Hocke, einer der Gruppenführer kam nach vorne und fragte, was los sei.

Irgendetwas stimme nicht, antwortete ich. Ich tastete nach einem Stein und warf ihn einige Meter weit. Nichts war zu hören. Vielleicht ist er auf ein Stück Moos gefallen, dachte ich. Gerade wollte ich nach einem anderen Gegenstand zum Werfen suchen, da hörte ich auf einmal den Aufschlag des Steines tief unter uns. Wir mussten unmittelbar vor einem tiefen Abgrund stehen. Ich führte meine Leute einige hundert Meter zurück, um den vermuteten Abgrund zu umgehen. Circa eine Stunde später kamen wir schließlich am Fuß des Berges an. Die Franzosen hatten mittlerweile die Gefahr erkannt und den Abgrund ausgeleuchtet. Hier ging es tatsächlich glatte zweihundert Meter in die Tiefe. Die Landkarten von dem Gebiet waren aus den 1950er-Jahren und damit über vierzig Jahre alt. In der Zwischenzeit war hier Basalt abgebaut worden, doch auf unserer Landkarte war davon nichts zu sehen!

Hätte ich nicht dieses vage Gefühl drohender Gefahr gehabt,

und hätte ich mich durch den Zeitdruck treiben lassen und nicht angehalten, wären ich und bestimmt vier bis fünf meiner Kameraden abgestürzt.

Einige Jahre später hatte ich wieder ein ähnliches Bauchgefühl. Ich war im Auslandseinsatz in Afghanistan, und unsere Patrouille begab sich auf eine Erkundungstour in den Norden des Landes. Nach einigen Stunden Fahrt war es Zeit, einen technischen Halt einzulegen. Also rechts ran, Sicherung auslegen, sich um die Fahrzeuge kümmern, und Zeit, um eine Kleinigkeit zu essen. Ich beobachte mit meinem Feldstecher das Gelände, nichts war zu sehen. Eigentlich war alles in Ordnung. Aber irgendetwas in mir sagte: *Wir müssen hier weg.*
Ich ging zu meinem Kompaniechef und sagte: »Wir müssen sofort hier weg, irgendwas stimmt hier nicht, vertrau mir.« Er vertraute mir.
Wir unterbrachen unseren technischen Halt, und drei Minuten später rollte der Konvoi wieder weiter. Und es passierte ... nichts. Sollte ich mich geirrt haben? War ich vielleicht überdreht? Ich zweifelte an mir.
Stunden später saß ich wieder im Feldlager. Ich machte den Papierkram fertig und steckte mir eine Zigarette an. Was war mit mir bloß losgewesen?
Die Zigarette war gerade aufgeraucht, da kam ein Soldat der elektronischen Aufklärung zur Tür herein. Er sagte mir, beim nachträglichen Abhören von verschiedenen Frequenzen habe sich herausgestellt, dass jemand versucht hatte, uns bei dem technischen Halt in die Luft zu sprengen.
Noch am selben Abend stellten wir einen Konvoi zusammen –

Infanterie, elektronische Aufklärung, Kampfmittelbeseitigung, Sanitäter und die Instandsetzung, alle waren mit dabei. Und los ging es zum Ort des letzten technischen Halts, und das mitten in der Nacht. Wir umfuhren das Gelände vorsichtig, sperrten es weiträumig ab und sicherten es für unsere Kampfmittelbeseitiger. Würden sie etwas finden?

Nachdem wir sicher waren, dass es keinen Hinterhalt gab und auch keine feindlichen Kräfte versuchen könnten, uns anzugreifen und unser Unternehmen zu stören, konnte es losgehen. Schnell machten wir weiträumig Licht an, sodass die Kampfmittelbeseitiger loslegen konnten.

Nach etwa fünfzehn bis zwanzig Minuten war der Sprengsatz gefunden, beinahe siebzig Kilogramm Sprengstoff! Das hätten viele nicht überlebt. Einem etwas schlampig zusammengebastelten Kabel hatten wir es zu verdanken, dass die Sprengung nicht zur Auslösung gekommen war. Was wäre ohne diesen Defekt passiert? Hätte meine Vorahnung zeitlich noch gereicht?

Nach meiner Armeezeit startete ich als Immobilieninvestor in das zivile Leben, und auch auf diesem Berufsfeld leistete mir die Intuition unschätzbare Dienste: Wenn es um Grundstücke, Wohnungen oder Häuser geht, kann man bei der richtigen Wahl der Immobilie und geschicktem Handel gutes Geld verdienen. Allerdings gilt hier der Spruch: »Wo viel Licht, da viel Schatten.« Um einen höheren Verkaufspreis zu erzielen, werden Mängel verschwiegen, Mieterlisten frisiert und Ähnliches. Neben der rationalen Bewertung der Bausubstanz, der Mieteinnahmen, der Lage und anderer Faktoren spielte die Intuition für mich anfänglich nur eine Nebenrolle, lief allenfalls im Hintergrund.

Einmal wurde mir zum Beispiel ein ansprechendes Mehrfamilienhaus zu einem sehr günstigen Preis angeboten, ein Angebot, das es bisweilen gibt. Mir wurden schöne Fotos gezeigt, gute Mieteinnahmen garantiert, und insgesamt schien alles zu passen. Aber da war es wieder, dieses unbestimmte Gefühl, dass hier etwas nicht stimmt.

Die beteiligten Makler drängten mich, bei so einem Angebot schnell zuzuschlagen, einen Notartermin hätte man schon. Aber ich traute der Sache nicht, stieg ins Auto und fuhr hin.

Mein Gefühl war richtig gewesen, die Stunden auf der Autobahn hätte ich mir sparen können. Die Fotos waren bearbeitet worden, die Bausubstanz ließ zu wünschen übrig, das Nebengrundstück gehörte einem Verein, der sich um Drogenabhängige kümmerte, und ich wurde vor Ort mit einer Schlägerei zwischen den zu Betreuenden empfangen. Die Mieter, die noch vor Ort waren, hatten schon gekündigt und schilderten, dass die Wohngegend in den letzten Jahren sozial am Abrutschen sei.

Aber die wirkliche Initialzündung, mich mit mir selbst und mit dem Thema Intuition zu befassen und sie auch als etwas Gutes und als einen Teil von mir anzunehmen, kam kurz darauf. Ich hatte die Möglichkeit, mit einem ganz Großen der Branche zusammenzuarbeiten. Im Lauf unserer Zusammenarbeit verriet er mir, dass er schon Jahrzehnte als Immobilieninvestor tätig war und sich von ganz unten hochgearbeitet habe. Mittlerweile war er einige hundert Millionen schwer.

Mir bot sich die Möglichkeit, vierzig Luxuswohnungen an einem Jachthafen im Speckgürtel von Berlin in der Bauphase zu kaufen und dann weiterzugeben.

Wir trafen uns also in der großen Anlage, Herr G. kam etwas später, sodass ich mich noch etwas umschauen konnte. Nach einem Espresso in einem der neuen Cafés kam Herr G. mit seinem Mercedes und einem Bodyguard. Ein kleiner schmaler Herr Anfang siebzig, ständig telefonierend und kettenrauchend, dennoch irgendwie bodenständig und sehr sympathisch.
Nach der gegenseitigen Vorstellung und einer schnellen Skizzierung der Lebenswege zeigte mir Herr G. das riesige Gelände. Hier sollten insgesamt dreihundertfünfzig Wohnungen entstehen!
Ich war mehr als beeindruckt. Vor zwei Jahren war hier noch Ackerland gewesen. Der Jachthafen war nicht vorhanden, sondern wurde erst gebaut. Danach würden die Straßen angelegt, eine Tankstelle und ein Einkaufscenter in der Nähe gebaut werden, die Wohnungen mit Blick auf den Hafen kämen zuletzt.
All dies hatte Herr G. geschaffen. Meine Begeisterung war mir wohl deutlich anzusehen, und ich nutzte die Gelegenheit zu einer für mein Leben richtungsweisenden Frage: »Wie erschafft man so etwas?«
Herr G. hatte mit meiner Frage gerechnet und lachte verschmitzt: »Wissen Sie, all das, was ich in meinen Leben erreicht habe, habe ich meinem Bauchgefühl zu verdanken. Ich gebe Ihnen den Rat, seien sie nie gierig. Wenn der Bauch nicht Ja sagt, dann lassen sie es, sie verschwenden Freude und das Wichtigste: Lebenszeit. All die Zahlen und angeblichen Fakten sind dann nichts wert.«
Ich war verwundert über seinen Rat und hakte nach: »Gibt es irgendeine Technik, die Sie nutzen? Wie genau machen Sie das?«

»Nun«, erwiderte er, »Ich stelle mir zu Beginn alles im Geiste vor. Den Hafen mit den Schiffen, die Straßen, die Häuser mit den Läden, die Cafés und die Leute, die flanieren. Das ganze Bauprojekt existiert zunächst nur in meinen Gedanken. Und wenn jetzt das Bauchgefühl sein Okay gibt, wenn es sich gut anfühlt, dann wird es umgesetzt, auch gegen Widerstände.«
Wenn das keine Ansage war! Wer so etwas Großes schafft, der muss es wissen.
Ich bin dem alten Herrn bis heute sehr dankbar für unser Gespräch, hat es mir doch die Augen geöffnet, mich des Themas wirklich anzunehmen und daran zu arbeiten. Genügend Hinweise hatte ich ja schon aus meiner Zeit bei der Bundeswehr. Ich denke, das Schicksal hatte viel Geduld mit mir.
Nun nutze ich auch beruflich meine Intuition bewusst, und versuche, in ihrer Anwendung immer noch besser zu werden. Um in der Immobiliensprache zu bleiben, meine nächste Baustelle ist: Meditation.

Schamanismus und schwarze Magie in der Praxis

Im weiteren Sinne versteht man unter Schamanismus spirituelle Praktiken und Heilrituale, die von »Spezialisten« auf diesem Gebiet geleitet oder durchgeführt werden. Kulturübergreifend kennt man schamanistische Praktiken weltweit, und zwar auf allen Kontinenten, von der Arktis bis zum Regenwald.

Schamanen haben gelernt, sich in zeit- und raumverschobenen Wirklichkeiten zu bewegen, und sie haben große intuitive Kräfte. Je nach Kultur und Religion setzen diese weisen Menschen unterschiedliche Hilfsmittel ein, mit denen sie ihre Rituale und Zeremonien gestalten. Auch Lichtwesen aus anderen Sphären sind für sie ein Quell der Inspiration und des spirituellen Wissens.

Vor einigen Jahren war ich im Amazonasgebiet Brasiliens und Kolumbiens unterwegs, um bei den dortigen schamanisch geprägten Kulturen Erfahrungen zu sammeln. In einem der Dörfer, in dem ich mich aufhielt, waren die Menschen davon überzeugt, dass die Seelen der Ahnen tagsüber in den dort lebenden Süßwasserdelfinen weilten und nachts die Lebenden im Traum besuchten. Für die Einheimischen waren Delfine daher heilige Tiere. Und ein Schamane, den ich in Ecuador interviewte, berichtete mir, er erhalte seine Visionen durch Bäume als Mittler zwischen den Welten. Für ihn in seiner Kultur sind also Bäume heilige Wesen. Auch im Hochland Boliviens, in den Anden, durfte ich an unzähligen schamanistischen Zeremonien teilnehmen. Diese wurden in den meisten Fällen durch die Ahnen unterstützt. Für die Bewohner sind nicht nur ihre Ahnen direkte Vorfahren, sondern alle weisen Mütter und Väter vergangener Generationen.

Bei uns in den Kulturen und Religionen des Westens kennen wir Engel, Geistführer, Heilige und auch Ahnen, die uns aus der geistigen Welt beistehen können.

Mitte der Neunzigerjahre erlebte ich ein eindrucksvolles Beispiel östlicher Spiritualität. Ich hatte die Ehre, an einer tibetisch-buddhistischen Einweihung der Kalachakra (eines Heiligtums für das »Rad der Zeit«) mit dem Dalai-Lama teilnehmen zu dürfen. Zusammen mit über zwanzigtausend Menschen erlebten wir über dreizehn Tage hinweg tiefe mystische und magische Momente. Ein wichtiger Punkt der Zeremonien und Aktivitäten bestand darin, die Verbindung mit Wesen der geistigen Welt herzustellen. Diese wurden immer wieder angerufen, um die Zeremonien zu unterstützen.

Auch mit dem afrikanischen Schamanismus konnte ich Erfahrungen sammeln. Für einen Kunden hatte ich die Möglichkeit, öfter nach Nigeria zu reisen. Natürlich erkundigte ich mich, wie Schamanen dort arbeiten, und war überhaupt nicht überrascht, dass man auch hier mit Wesen aus anderen Dimensionen in Kontakt trat.

Mitte der Neunzigerjahre bekam ich ernstzunehmende Drohungen gegen mein Leben, ausgesprochen von einer Sekte, die schwarze Magie praktizierte. Nach mehreren Schutzritualen, die ich durchführte, konnte ich den Fluch bannen. Die Sekte musste lernen, dass sie mir mit ihren Ritualen nichts anhaben konnte. Dies beeindruckte sie, worauf eines ihrer Mitglieder mich aufsuchte. Ich wurde gebeten, den Hohepriester ihres Kultes in ihrem Tempel zu treffen. Dies war mir zu gefährlich, dennoch wollte ich die Einladung zum Gespräch annehmen. Ich schlug als Treffpunkt die Lobby eines Hotels vor. Zum abgemachten Zeitpunkt trafen wir uns dort und führten ein stundenlanges interessantes Gespräch. Ich war überhaupt nicht erstaunt, dass auch sie in ihren schwarzmagischen Zirkeln mit Wesen aus anderen Welten arbeiteten. Interessant war, dass sie diese Wesen als Engel bezeichneten. Explizit legten sie Wert darauf, dass diese Engel keine Dämonen oder Teufel seien, sondern Engel, wie man sie in der Kirche oder modernen Spiritualität kennt. Ihrer Überzeugung nach sind Engel Wesen, die nicht urteilen und sowohl schwarze als auch weiße Magie verwenden. Diese Definition war für mich höchst interessant und lehrreich, weil ich erkannt habe, dass es auch auf Seiten der sogenannten guten oder weißen Magie recht viele einseitige Interpretationen oder Ansichten gibt.

Schamanen, Heiler, Magier, Alchimisten, Druiden, Medizinmänner und -frauen, schwarze und weiße Magier arbeiten mit der Kraft der Intuition, um Informationen aus anderen Dimensionen zu erhalten und Energien hin und her zu senden.

Vielleicht ist genau dies das Problem bei uns, dass das Verständnis der Kraft der Intuition für uns nicht so natürlich ist wie für viele andere Kulturen in anderen Dimensionen. Wären wir uns hier der Kraft der Magie und der Intuition bewusster, würden wir bestimmt auch ein ganz anderes Verständnis zur Natur und zum Universum als solches haben.

Es ist eine philosophische Fehlinterpretation, dass die Kenntnis intuitiver magischer Kräfte automatisch zu einer friedlichen Koexistenz unter Menschen führen würde. Im Gegenteil, viele Schamanen unterschiedlichster Kulturen üben sogenannte schwarze und weiße Magie gleichzeitig aus. Für sie ist das kein Widerspruch, auch wenn es für spirituelle Kreise widersprüchlich erscheint. Dort werden Indianer bisweilen idealisiert und der Schamanismus hochstilisiert, wo doch die Realität oft in starkem Kontrast zu westlich-liberalen Vorstellungen steht. Der Schamanismus steht nicht für Ethik und Moral, sondern für den absichtsvollen Einsatz spiritueller Kräfte unter Einbeziehung von Wesen aus anderen Dimensionen.

Schamanismus in den Anden: Manuel Alvarado Quispe

2013 organisierten wir zum ersten Mal eine geführte spirituelle Gruppenreise durch Bolivien und Peru. Unser Reisepartner und Organisator in Bolivien sorgte für ein wunderbares Programm. Dazu gehörte auch, dass wir während drei Tagen von einem Schamanen begleitet wurden.

Manuel, so hieß der Schamane, war damals Anfang vierzig und hatte eine wunderschöne und kraftvolle Ausstrahlung. Hinter La Paz stieß er zu unserer Reisegruppe, als wir zum Titicacasee fuhren. Während der Tage, an denen er uns begleitete, führten wir verschiedene spannende Zeremonien mit ihm durch. Anhand seiner Aura konnte ich sehen, dass er während der Rituale in anderen Dimensionen war.

Die Erfahrung mit Manuel hatte mich so überzeugt, dass ich den Reiseorganisator 2017 bat, Manuel abermals zum Team zu holen. Wieder begleitete er uns während dreier Tage zum Titicacasee und beim Besuch der Sonnen- und Mondinsel im See.

Für mich als Hellseher war es während der Zeremonien äußerst beeindruckend zu sehen, wie sich die Aura von

Manuel immer wieder veränderte und je nach Ritual unterschiedliche Farben und eine unterschiedliche energetische Anmutung annahm. Während der Ausdehnung seiner Aura sah ich, wie sein Bewusstsein Kontakt zu höheren Sphären aufnahm. Das war so inspirierend, dass ich ihn um ein Interview für dieses Buch gebeten habe. Ich war höchst erfreut, dass er zusagte. Ende Juli 2018 besuchte ich ihn in seinem Hause oberhalb von La Paz. Da Bolivien auf der Südhalbkugel ist, war zu dieser Jahreszeit Winter. Es war sehr kalt, und während des Gesprächs fing es sogar an zu schneien. Manuel kochte Tee für uns, wir wickelten uns in warme Decken und unterhielten uns.

Martin Zoller: Manuel, würdest du dich bitte vorstellen?

Alvarado Quispe: Ich bin Manuel Alvarado Quispe. Geboren bin ich in Bolivien in der Comunidad (Gemeinde) Caquiaviri. Diese liegt in der Provinz Pacajes, ungefähr hundert Kilometer von La Paz entfernt. Bis zu meinem siebten Lebensjahr habe ich dort gelebt. Danach zogen wir mit meiner Familie nach La Paz, und ich wuchs zwischen La Paz und Caquiaviri auf. Im Dorf lebte ich die meiste Zeit über bei meinen Großeltern. Der Vater meines Vaters war auch schon spiritueller Führer und Schamane, meine Großmutter mütterlicherseits Heilerin.

Von klein auf lernte ich die Kunst des Heilens. Als ich ungefähr zweiundzwanzig Jahre alt war, fing ich an, meine Begabung als Heiler systematisch zu entwickeln. Heute bin ich zweiundvierzig Jahre alt. Seit über zwanzig Jahren bin ich auf diesem Weg, und die meisten Menschen kennen mich als Bruder Manuel. Andere nennen mich Meister Manuel, für viele bin ich auch ein Weiser oder ein »Amauta« oder »Yatiri«, was so viel wie »weiser Mann« in meiner Sprache bedeutet.

Erst habe ich Tourismus studiert, das Studium aber nicht abgeschlossen. Während der Studienzeit bin ich viel rumgekommen, was mir wiederum bei meiner Arbeit als Heiler zugutekommt. Beruflich bedingt reise ich immer noch viel. Ich bin schon über zwanzigtausend Kilometer gewandert, von einer Küste Südamerikas zur anderen, habe fast alle Inkawege auf den Kontinenten bewandert und lernte so Land und Leute kennen.

Meine Zeremonien halte ich in Argentinien, Chile, Peru, Ecuador und natürlich Bolivien ab. Die heilige Medizin und meine Rituale führen mich zu den verschiedenen Orten. Für nächstes Jahr bin ich nach Brasilien eingeladen. Ich arbeite mit verschiedenen Medizinformen, schreibe Bücher und veröffentliche DVDs, wobei ich immer auch mit dem Wissen meiner Vorfahren arbeite.

Wir werden alle mit einem Talent geboren, ich bin mit dem Talent des Heilers geboren. Bei uns erkennt man schon früh, wer diese Begabung in sich trägt. Ich konnte bereits laufen, da war ich noch kein Jahr alt. Ein Kind, das unter einem Jahr schon so selbstständig ist, trägt das Wissen des Heilens in sich. Meine Geschwister haben erst später angefangen zu laufen. Meine Eltern wussten schon früh, dass ich die Begabung in mir trage.

Was beinhaltet deine Arbeit als Schamane?

Meine Arbeit als Schamane, Heiler oder spiritueller Führer besteht darin, den Menschen zu helfen.

Ich helfe ihnen, den inneren Ausgleich zu finden. Ich heile das Ungleichgewicht, das sie sich selbst zufügt haben oder welches ihnen zugefügt wurde. Zuerst heile ich den spirituellen Körper, dann den psychischen und zum Schluss den physischen. Ich kann Energien bewegen, den Energiekörper reinigen und heilen und so den Menschen wieder stärken. Ich arbeite mit verschiedenen Techniken, so wie jeder Meister seine eigene Technik hat.

Für meine Arbeit sind die vier Elemente Feuer, Wasser, Luft und Erde sehr wichtig. Kein Ritual kommt ohne diese Elemente aus. Zusätzlich arbeite ich mit verschiedenen Gegenständen, um zu reinigen oder zu stärken.

Was bedeutet Realität für dich?

Es gibt vieles, das man nicht anfassen kann, und dennoch ist es real. Den Wind kann man nicht anfassen, aber ist er deswegen nicht real?

Die Gefühle kann man nicht anfassen, dennoch sind sie real. Über die Sensibilität kommunizieren wir mit den Sternen. Wir leben nicht nur in einem Universum, sondern in einem »Multiversum«, dem Kosmos. Der ist für uns genauso real, aus ihm erhalten wir sämtliche Informationen, die wir benutzen. Von Heilkräften über den richtigen Moment der Aussaat oder wann Rituale auszuführen sind.

Ich arbeite viel mit Sternenkonstellationen, und von denen gibt es viele. Jede dieser Konstellationen hat ihre eigenen Kräfte und Energien, und diese Energien kann ich anzapfen. So weit weg diese Konstellationen und ihre Energien auch sind, so wirklich sind sie doch!

Realität ist, was man fühlen und spüren kann, nicht nur das, was wir sehen können.

Gibt es in deiner Religion oder Glaubensrichtung multidimensionale Realitäten?

Ich arbeite mit dem spirituellen Wissen meiner Vorfahren. Was ich mache, hat nichts mit Religion zu tun. In meiner Sprache gibt es keinen Begriff für Religion.

Wir kennen die Verbindung zu multidimensionalen Realitäten. Es ist die Verbindung mit Wesen in diesen Welten. Schon ganz früh hatten wir Kontakt mit Wesen aus anderen Welten. Heute hat der Kontakt etwas abgenommen, wir konzentrieren uns weniger auf die technische Hilfe dieser Wesen, sondern mehr auf unser alltägliches Leben hier.

Wie bereitest du dich auf deine schamanischen Rituale vor?

Ich bereitete mich ganzheitlich vor, geistig, emotional und körperlich. Das fängt bereits mit der Nahrung an, man muss ausgeglichen sein.

Fragt mich jemand, ob ich morgen eine Zeremonie machen kann, muss ich Nein sagen. Dafür benötige ich viel Zeit und Vorbereitung. Manchmal Tage!

Für viele Menschen bin ich ein wenig wie ein Gott, so viel Vertrauen haben sie in mich. Aber ich bin kein Gott! Ich öffne meinen energetischen Raum. Um helfen zu können, muss ich gut vorbereitet sein.

Manche Menschen kommen mit so viel negativen Energien, dass es sehr schwierig ist, zu helfen. Sie können sogar mich aus dem Gleichgewicht bringen. Deswegen muss ich mich vorbereiten, damit ich nicht krank werde.

Man muss ebenfalls sehr vorsichtig sein mit der Sprache und den Worten, die man benutzt. Spanisch ist eine sehr arme Sprache, es gibt mehr negative als positive Wörter. Wenn ich in Aymara, meiner Sprache, spreche, ist es einfacher für mich. Ich wähle die Worte sehr vorsichtig und spreche während der Zeremonien selbst oft nur in Aymara. In diesem Fall verstehen die Leute zwar nichts, spüren aber dennoch die Bedeutung der Worte.

Wie verbindest du dich mit multidimensionalen Realitäten?

Das kommt nicht so häufig vor, aber ich mache es. Oft reise ich unbewusst in andere Realitäten. In den heiligen Zeremonien ergibt sich diese Verbindung automatisch. In der Verbindung mit den anderen Welten übernehme ich automatisch deren Vibration und kann so helfen.

Kannst du in zeit- und raumverschobene Realitäten reisen?

So weit bin ich noch nicht. Aber es gibt Schamanen, die das machen. Einmal habe ich eine solche Reise unbewusst gemacht. Als ich aus meinem Körper herausgetreten war, dachten die Leute sogar, ich sei gestorben, und weinten. Es war für mich sehr schwierig, zurückzukommen.

Reisen in andere Realitäten benötigen viel Erfahrung, sehr viel Erfahrung. Meditationen sind sehr hilfreich dafür, es benötigt viel Konzentration, um auf diese Ebenen zu gelangen.

Während meines Aufenthalts in zeit- und raumverschobene Realitäten konnte ich die Leute von oben sehen, ich besuchte meine Nachbarn und ich fühlte mich wie ein kleines Kind. Zudem konnte ich spüren, was die anderen Leute fühlten. Es war ein einmaliges Erlebnis, aber gleichzeitig schmerzlich, weil es sehr schwer war, wieder zurückzukommen.

Arbeitest du während deinen Reisen und Zeremonien in anderen Welten mit Wesenheiten? Falls ja, mit wem?

Wenn man mit Wesen arbeitet und diese anruft, entsteht sehr viel kraftvolle Energie. Man muss sehr gut vorbereitet sein für solche Erfahrungen. Die Energien und ihre Wesenheiten können vom Hellsten bis zum Dunkelsten reichen. Ist man nicht vorbereitet, kann man sogar das emotionale Gleichgewicht verlieren oder verrückt werden. Ein Schamane muss wissen, wie er mit den Wesen umzugehen hat, sonst fangen sie an, einen plötzlich zu kontrollieren.

Ruft man während einer Zeremonie andere Wesen, kommen zuerst immer die dunklen Wesen. Deswegen ist es sehr wichtig, gut vorbereitet zu sein. Heute, nach den vielen Jahren Erfahrung mit meinen Zeremonien, weiß ich, wer die Wesen sind und ob sie gut oder schlecht sind. Ich kenne

Menschen, die mit den bösen Wesen arbeiten, ich mache das jedoch nicht.

Ich arbeite hauptsächlich mit den Seelen der Vorfahren. Diese hatten viel Wissen, und wenn ich sie rufe, dann kommen sie und stehen mir bei. Während einer Zeremonie für einen Kunden rufe ich oft die verstorbenen Vorfahren. Diese kennen ihn oder sie, und sie helfen mir, mit höheren Ebenen in Kontakt zu treten. Das wiederum erleichtert mir das Heilen meiner Klienten.

Lauern für dich als Schamanen Gefahren in anderen Welten?

Ja, in der Tat! Wie schon erwähnt, kommen beim Öffnen des heiligen Raumes erst die negativen Energien. Vor diesen muss man sich schützen.

Es gibt Schamanen, die bewusst mit den dunklen Energien arbeiten, weil diese ihnen viel Kraft geben. Nicht alle können mit dieser Kraft umgehen und werden krank. Ich kann dies bei einem Schamanen sehen. Es ist wichtig, dass man genau weiß, welche Energien man ruft und wie man mit ihnen arbeitet.

Arbeitest du mit Symbolen und Zeichen aus dem Universum? Wie übersetzt du diese Sprache?

Das ist ganz unterschiedlich. Es kommt auf die Zeremonie und die dahinterliegende Absicht an. Alle Zeremonien sind unterschiedlich und damit auch ihre Symbolik. Die meisten Symbole und Zeichen haben mit Tieren, Samen, Pflanzen oder den Elementen zu tun. Dabei kommt es vor, dass etwa ein Same in einer Zeremonie etwas sehr Schönes, Gutes zum Ausdruck bringen will, in einer anderen dagegen etwas Schlechtes oder Böses.

Ich arbeite viel mit Feuer. Die meisten Symbole, mit denen ich arbeite, sind physischer Natur.

Kannst du uns einige Beispiele von Farben oder Symbolen geben und wie du sie übersetzt?

Ich arbeite mit den unterschiedlichsten Symbolen. Wenn ich zum Beispiel mit dem Element Feuer arbeite, spricht es zu mir. Das Feuer gibt mir von Person zu Person ganz unterschiedliche Aussagen. Es ist nicht das Symbol oder Element, das eine Grundbedeutung hat. Es ist die individuelle Aussage für die jeweilige Person. Dasselbe gilt auch für Tiere, sie geben mir unterschiedliche Nachrichten zu den jeweiligen Klienten. Eine universelle Interpretation oder Bedeutung gibt es bei Symbolen nicht. Ausschlaggebend ist die jeweilige emotionale Bedeutung dahinter. Deshalb ist es wichtig, dass ein Schamane ausgeglichen ist, um die jeweilige individuelle Bedeutung zu erfassen.

Arbeitest du während deiner Zeremonien mit Hilfsmitteln?

Ja, ich arbeite mit Hilfsmitteln. Ich arbeite während der Zeremonien viel mit Stoffen, meinen Kleidern. Die Kleider, die ich trage, sind immer unterschiedlich, aber auf jeden Fall ein Schutz. Kleider, die wir im Supermarkt einkaufen, sind nicht gut. Diese Kleider geben Wärme, aber sie schützen nicht energetisch. Ich habe spezielle Kleidungsstücke, sie sind von Großmüttern handgemacht. Sie werden auf meinen Wunsch hin so gemacht, dass sie mich während den Zeremonien energetisch schützen. Die Großmütter haben dafür eine eigene Herstellungstechnik. Mit Gebeten energetisieren sie meine Kleidungsstücke. Diese Kleider schützen nicht nur den physischen, sondern auch den spirituellen Leib.

Wichtig ist auch das Tier, das seine Haare für die Wolle gibt. Wir benutzen Schutzkleider aus Lamawolle, weil das Lama ein sehr höfliches und kraftvolles Tier ist. Seine Wolle schützt gegen alle möglichen Strahlen.

Während der Zeremonien kommen auch Zuckerfiguren mit verschiedenen Bedeutungen zum Einsatz. Sie werden ebenfalls von Spezialisten gemacht. Blumen und Samen gehören ebenfalls zu fast jedem Ritual. Welche, das hängt von der Zeremonie ab. Die Blumen können in Alkohol eingelegt werden und während der Zeremonien rituell getrunken werden. Andere Blumen werden mit nach Hause genommen, um das Heim energetisch zu reinigen und zu schützen.

Was ist das Wichtigste, das du als Schamane gelernt hast?

Je mehr man zu wissen glaubt, desto mehr erkennt man, dass man gar nichts weiß! Ich lerne immer wieder Neues dazu, was mir hilft, anderen zu helfen. Auch werde ich immer durchlässiger, ich begegne immer wieder neuen Farben, Formen und Wesen, und das jeden Tag. Ich habe gelernt, bescheiden zu sein. Bescheidenheit hilft mir zu erkennen, wann ich wieder etwas lernen muss.

Wer sind deine Klienten?

Viele meiner Klienten leben in Peru. Doch hier um La Paz (Bolivien) herum und auch anderenorts habe ich ebenfalls viele. Manche rufen mich um drei Uhr morgens an und wollen meine Hilfe.

Wurdest du schon einmal gebeten, eine Arbeit zu machen, die du nicht ausführen wolltest?

Ja, schon öfter. Häufig kommt es vor, dass einer der beiden eine Zeremonie machen möchte, um wieder zusammenzufinden, wenn Paare sich trennen. Hier bei uns in Bolivien gibt es den Brauch, dass Schamanen mit dem »heiligen Rauch« von Zigaretten Paare wieder zusammenbringen. Das mache ich zum Beispiel nicht. Denn manchmal gibt es im Leben Dinge, die man annehmen muss, wie sie sind.

Machst du Prophezeiungen – und, falls ja, welche?

Ich erzähle, was ich über die Zukunft sehe, und es passiert auch. Ich veröffentliche meine Prophezeiungen aber nicht in der Presse oder über das Internet. Die Gefahr besteht, dass so andere meine Informationen verfälschen könnten. Ich kann sehen, was in Bolivien passieren wird, erzähle es aber nicht öffentlich, um nicht benutzt zu werden.

Manuel, vielen Dank für das spannende Gespräch!

Die Kraft der Pflanzen

Psychoaktive Pflanzen gibt es auf der ganzen Welt. In manchen Ländern ist ihr Gebrauch verboten, in anderen erlaubt.

Meiner Ansicht nach macht es absolut keinen Sinn, psychoaktive Pflanzen zu verbieten. Sie sind eines der kraftvollsten Mittel, um in Kontakt mit anderen Wirklichkeiten zu kommen. Nicht umsonst werden sie von weisen Frauen und Männern weltweit eingesetzt, um etwa mit den Ahnen in Verbindung zu treten oder in andere Wirklichkeiten zu reisen.

Bei uns, in der angeblich so aufgeschlossenen und entwickelten westlichen Gesellschaft, sind psychedelische Pflanzen sehr umstritten. Während wir kaum Kenntnisse über ihre Wirkweise haben und sie doch als Drogen abtun, gelten sie Schamanen und Heilern in Kulturen, die der Natur noch stärker verbunden sind, als Medizin.

Die Diskussionen über das Für und Wider von psychogenen Pflanzenwirkstoffen nimmt oftmals fast schon fanatische Züge an. Dabei ist das bewusste Einsetzen psychoaktiver Pflanzen eine wunderbare Möglichkeit, in Kontakt mit der geistigen Welt zu treten und geistige Klarheit zu erlangen.

Psychotrope Pflanzen oder eben natürliche Medizin kennt man bei uns meistens nur als Genussmittel, während sie in vielen anderen Kulturen der spirituellen Weiterentwicklung dienen. Viele von ihnen haben nebst dem Erfahrungswert für spirituelle Reisen den Nebeneffekt, dass sie auch medizinisch, etwa entspannend und schmerzlindernd, wirken. Schamanen nutzen psychoaktive Pflanzen, um das höhere Selbst der Teilnehmer zu stärken und zugleich den physischen Körper in Harmonie zu bringen.

Neben den spirituellen Erkenntnissen erlebt der bewusste Konsument auch eine nie zuvor wahrgenommene Verbindung mit der Natur. Nicht nur psychotrope Pflanzen, sondern auch alle anderen Pflanzen, Sträucher, Blumen oder Bäume werden plötzlich ganz anders wahrgenommen. Nicht nur wir Menschen haben eine Aura, sondern auch Pflanzen, Edelmetalle, Steine, Halbedelsteine und Tiere. Man sieht, dass jedes in der Natur vorkommende Element und jede Pflanze eine Seele hat. Intuitiv besteht die Möglichkeit, sich mit diesen Seelen in Verbindung zu setzen, und so entstehen plötzlich und unerwartet Kommunikationsmöglichkeiten mit allem um uns herum!

Ohne Zweifel kann der unkontrollierte Konsum solcher Pflanzen für Körper und Geist schädliche Folgen haben. Aus genau diesem Grund ist es wichtig, dass er immer nur in Begleitung eines spirituellen Führers oder Therapeuten stattfindet. Nicht zuletzt, weil es keine allgemein verbindlichen Richtlinien gibt, welche Dosierungen gut vertragen werden. Ein ausgeglichener Geist und die richtige Vorbereitung helfen jedoch, mögliche negative Auswirkungen des Konsums zu verhindern.

Ich selbst nutze seit Jahren psychogene Pflanzenwirkstoffe, um mein Bewusstsein für spirituelle Erfahrungen zu erweitern. Keine dieser Zeremonien oder Rituale führte ich so durch, dass sie für mich gefährlich geworden wären. Neben dem richtigen Führer, der das Zeremoniell überwachte, waren für mich immer auch die anderen Teilnehmer und die Umgebung ausschlaggebend. Wenn mir etwas für mich nicht richtig erschien, habe ich auch schon einmal ein Ritual abgesagt.

Der Gebrauch psychoaktiver Substanzen und damit auch von heiliger Medizin hat bei uns ebenfalls eine lange geschichtliche Tradition. Bei uns in Mitteleuropa ist Hanf bzw. Cannabis wohl am bekanntesten. Im Nahen Osten kennt man Weihrauch seit ewigen Zeiten (nicht zuletzt im Alten Testament wird davon mehrfach berichtet), und man weiß um seinen Einfluss auf das höhere Selbst. Aus archäologischen Funden geht hervor, dass bereits im frühen Christentum bestimmte Pflanzen für Taufrituale eingesetzt wurden. Die im Mittleren Osten von Ägypten bis in den Iran vorkommende Steppenraute *(Peganum harmala)* wurde bei solchen Zeremonien verwendet. Ihr Einfluss auf den menschlichen Körper und Geist scheint dem Ayahuasca sehr ähnlich zu sein.

Es heißt, dass die Zirbeldrüse (Epiphyse, *Glandula pinealis)* durch den Rauch des Weihrauches inspiriert wird. Die Zirbeldrüse gilt als das Fenster zur Seele. Heute wissen wir, dass die Zirbeldrüse dem dritten Auge zugeschrieben wird. Das dritte Auge, das dem sechsten Chakra entspricht, ist zuständig für Visionen sowie die Wahrnehmung zeit- und raumverschobener Wirklichkeiten. Interessanterweise wissen die unterschiedlichsten Kulturen um den Einfluss der Zirbeldrüse auf den menschlichen Geist.

Neben dem Einfluss auf das höhere Selbst kommt psychoaktiven Substanzen auch eine starke gemeinschaftsstiftende Aufgabe zu. Zeremonien mit der heiligen Medizin waren und sind auch heute noch bei bewusstem Konsum eine wichtige Verbindung zwischen den Teilnehmern eines Rituals. Man kommt sich näher, lernt sich besser kennen und vertraut einander. Schamanen in Südamerika erzählten mir, dass in intakten Gesellschaften heilige Zeremonien generationenübergreifend abgehalten werden. Urgroßeltern, Großeltern, Eltern und Kinder nehmen gemeinsam an diesen Zeremonien teil, erweitern ihr Bewusstsein und kommen sich spirituell sehr nahe. Dadurch entsteht gegenseitiges Vertrauen.

Das bewusste Konsumieren heiliger Medizin führt zu einer spirituellen Erkenntnis, zu einer unmittelbaren Verbindung mit dem Göttlichen. Es versteht sich von selbst, dass durch den regelmäßigen Konsum viele vermeintliche Zwänge entfallen. Institutionalisierte Religionen verlieren somit plötzlich an Einfluss und Kraft.

Nachdem ich mich länger mit diesem Thema befasst habe, stellte ich fest, dass die meisten Pflanzen, die mir als Kind als giftig vorgestellt wurden, in Wirklichkeit psychotrope Pflanzen sind. Auch in Europa gibt es unzählige Pflanzen, die psychedelische Reaktionen hervorrufen. Neben dem Cannabis gehört dazu der Fliegenpilz, der Steppensalbei, der Stinklattich, das Kleine Habichtskraut, der Gewürzbeifuß oder der Besenginster, um nur einige zu nennen.

Ich kenne in Südamerika viele Schamanen und Schamaninnen, die Zeremonien mit ihren Kindern durchführen. Es ist immer wieder erstaunlich zu sehen, wie reif und selbstständig diese Kinder sind. Sie haben viel weniger Angst, haben mehr Selbstvertrauen und einen wunderbaren natürlichen Zugang zur eigenen Intuition und zum eigenen höheren Selbst. Der erste Schritt, um die Angst vor solchen Pflanzen zu verlieren, wäre auf jeden Fall eine seriöse und bewusste Auseinandersetzung. Es gibt dazu eine Fülle an wissenschaftlichen und ethnologischen Schriften, die sich mit diesen Themen auseinandergesetzt haben.

Natürlich ist es gut, an solchen Zeremonien teilzunehmen. Doch dafür muss man nicht unbedingt nach Südamerika reisen. Zeremonien in dieser Art werden heute auch überall in Europa, Afrika, dem Mittleren Osten und Asien durchgeführt.

Neben der Erkenntnis zum eigenen Wesen und der inneren Erleuchtung des höheren Selbst erlebt der bewusste Konsument solcher Pflanzen viele andere schöne Nebeneffekte. Die Kommunikation mit Lichtwesen, die Verbindung mit den eigenen Schutzengeln und Ahnen wird zu etwas Natürlichem. Visionen, die während diesen Zeremonien wahrgenommen und erkannt werden, können seherischer und prophetischer Natur sein.

Don Felinto, der Bäumeflüsterer

2015 kam ich das erste Mal mit der aus dem Amazonas stammenden Medizin Ayahuasca in Berührung. Obwohl ich bereits mit anderen psychedelischen Pflanzen Erfahrung hatte, war dieses Erlebnis sehr einschneidend. Jahre zuvor hatte ich schon einmal die Möglichkeit gehabt, an einer Zeremonie teilzunehmen. Doch intuitiv spürte ich damals, dass der Moment noch nicht gekommen war. 2015 war es dann so weit: Der richtige Augenblick war gekommen.

Ausschlaggebend war, dass ein sehr guter Freund in Santa Cruz, Bolivien, mich angesprochen hatte. Er ist ein erfolgreicher Geschäftsmann und hat eine Familie. Er ist einerseits spirituell sehr offen und steht doch mit beiden Beinen fest auf dem Boden. Ich hatte auch mit seiner Tochter gesprochen, die ebenfalls an den Zeremonien teilnahm. Sie war damals ungefähr siebzehn Jahre alt und trotz ihres jungen Alters begeistert von ihren Erfahrungen mit der heiligen Medizin.

Ich hörte viel über den Ablauf der Zeremonie und ihren Einfluss auf den physischen Körper. Man hatte mir erzählt, dass die Zeremonien sehr intensiv wären und der Körper teilweise sehr stark darauf reagieren würde.

Deshalb bereitete ich mich sehr gut vor, zog die Tage vor der Zeremonie eine strikte Diät durch und meditierte viel. Am Tag der ersten Zeremonie, die am Abend stattfinden würde, war ich nervös und froh, dass mein lieber Freund dabei war.

Die Zeremonie stellte sich als sehr entspannt und tiefgehend heraus. Mein Körper reagierte stark, wie vermutet – die

Visionen, die ich hatte, waren sehr intensiv, und sogar Kontakte mit Geistwesen ergaben sich auf sehr kraftvolle Art. Die Zeremonie war wunderschön, ich konnte lange davon zehren.

Einige Monate später kam ich wie üblich nach Europa, um meine Seminare und Vorträge zu geben. Ich erzählte viel von meinen Erfahrungen und war erstaunt, wie viele Menschen über Ayahuasca Bescheid wussten. Immer wieder wurde ich gefragt, wie die Medizin hergestellt würde und was genau sie auslösen kann. Oberflächlich wusste ich Bescheid, konnte aber damals keine weitergehenden Auskünfte geben, weder über die eigentliche Zusammensetzung des Getränks noch über den ganzheitlichen Einsatz. Während einer Meditation hatte ich kurz darauf die Eingebung, in den Dschungel zu reisen, um dort einen Dokumentarfilm über die heilige Medizin zu drehen.

Zurück in Bolivien, trat ich in Kontakt mit Karina. Sie ist die Schamanin, die mich in Ayahuasca einführte. Ich erzählte ihr von meiner Idee, einen Dokumentarfilm über den Ursprung der Medizin und ihren heilerischen Aspekt zu drehen. Karina, die ihre Medizin aus Ecuador bezog, hatte direkten Kontakt zu Siona-Indianern und deren Schamanen dort. Über sie organisierten wir die Reise.

Es dauerte über ein Jahr, bis die Vorbereitungen abgeschlossen und die Indianer bereit waren, uns zu empfangen. Die Zeit vor dem Dreh lebte ich in Panama und bereitete mich auf die große Reise vor. Karina aus Bolivien und ich aus Panama trafen uns in Quito, der Hauptstadt Ecuadors. Von dort reisten wir mit dem Bus nach Norden ins Tiefland, dem

Dschungel des Landes. Auf halbem Weg trafen wir uns mit zwei weiteren Reiseteilnehmern, einer war der französische Kameramann, der uns beim Drehen unterstützen wollte. Gemeinsam zogen wir weiter, bis wir am Grenzfluss zu Kolumbien bei den Siona-Indianern ankamen.

Empfangen wurden wir von Norman, dem Sohn des Hauptschamanen. Seinen Vater, Don Felinto, lernte ich am Tag der Ankunft ebenfalls kennen. Ich war begeistert von den zwei Schamanen und spürte gleich zu Beginn, dass sie die Richtigen waren, um mich in die Geheimnisse der heiligen Medizin einzuweihen. Norman ließ Karina vor der Reise wissen, dass er mich zuerst kennenlernen wolle, bevor sie sich mir gegenüber ganz öffnen würde. Verständlicherweise hegt man gewisse Vorurteile gegenüber Weißen.

Nach einer Woche und zwei Zeremonien öffneten sich Norman und sein Vater mir gegenüber. Norman teilte mir mit, dass ich meine Kamera packen und ihn begleiten solle. Dann wanderten wir durch den Dschungel und seinen Garten, um die zwei Hauptpflanzen, die für Ayahuasca benutzt werden, zu suchen. Das eine war eine Liane, die denselben Namen trägt, Ayahuasca. Das andere waren Blätter der Chacruna-Pflanze. Nach dem Sammeln der Hauptzutaten nahm mich Norman mit in die Küche, um die heilige Medizin herzustellen. Die aufwändige Zubereitung dauerte mehrere Stunden und war für mich sehr spannend. Vor den Interviews, in privaten Gesprächen und natürlich auch während der Interviews mit Norman und Don Felinto fragte ich die beiden immer wieder über ihr Wissen aus.

Zu den interessantesten Interviews gehört das mit Don

Felinto, der als Schamane höchstes Ansehen genießt. Darin berichtet er, wie er während der Zeremonien mit Pflanzen spricht, um an ihre Heilkraft zu gelangen. Er tritt in Kontakt mit einer Art persönlichem »Avatar«, verlässt seinen normalen menschlichen Körper und tritt, verbunden mit seinem spirituellen Selbst, in Kontakt mit der Natur.

Die Zeremonien finden im Ritualhaus, der Maluca, statt. Don Felinto sagt, dass er zu einem Baum oder Busch werden würde, wenn er das Ritualhaus verlassen würde. In dieser Form kommuniziert er dann von Baum zu Baum oder von Busch zu Busch.

Don Felinto und Norman erhalten immer wieder Besuch von Menschen aus anderen Kulturen. Diese haben Probleme und Erkrankungen, die den beiden womöglich gar nicht bekannt sind. Dafür benötigt es natürlich Heilpflanzen, deren Kraft sie noch gar nicht kennen! In solchen Fällen begibt sich Don Felinto dann mithilfe der Medizin auf eine Reise in zeit- und raumverschobene Wirklichkeiten, um dort mit der Natur in Kontakt zu treten. Er ist ein Baumflüsterer. Während diesen Begegnungen erhält er nicht nur Informationen über neue Medizin, sondern auch Prophezeiungen, die seinen Stamm oder sogar die ganze Menschheit betreffen.

Für mich als Seher waren die Gespräche sehr beeindruckend. Don Felinto sprach so natürlich und selbstverständlich über seine Erfahrungen mit den Bäumen und Sträuchern, dass ich keine Zweifel an seinen Worten hatte. In Meditationen oder Ritualen mit verwandten Substanzen hatte ich ähnliche Erfahrungen gemacht. Dennoch waren das auf diese Weise gewonnene Wissen und sein Einsatz neu für mich.

Ein wunderschöner Nebeneffekt dieser Verbindung mit der Natur ist im Übrigen der starke Respekt vor ihr! Don Felinto und Norman haben ein Bewusstsein der Natur und ihrer Kräfte, wie es nur Schamanen möglich ist. Wenn man mit ihnen spricht, spürt man, dass sie Mensch, Tier und Natur gleicherweise wertschätzen und respektieren. Dieses Bewusstsein ist etwas, das uns in Europa abhandengekommen ist. Ohne Zweifel wäre es auch hier sinnvoll, wieder bewusster und ganzheitlicher mit der Welt der Natur um uns herum in Verbindung zu treten.

Der Bäumeflüsterer Don Felinto ist jemand, der fast vollkommen mit dem Hologramm des Universums verwoben ist. So schön dies auch sein mag, anhand von Gesprächen und der Trauer in seinen Augen konnte ich erkennen, dass dies auch eine Bürde für ihn darstellt. So sehr er mit den Bäumen in Kontakt ist, um deren Heilkraft zu spüren, so intensiv spürt er auch ihren Schmerz und die Trauer um das, was mit dem Dschungel passiert. Die schweren Maschinen, die zementierten Straßen, die erschlossenen Erdölfelder, die verschmutzten Gewässer und die leidenden Tiere sind ein Albtraum für jemanden, der so intensiv mit der Natur verbunden ist.

Nach den Gesprächen mit ihm und in den darauffolgenden Zeremonien wagte ich es ebenfalls, die Maluca zu verlassen, um zu sehen, ob auch ich in Kontakt mit Bäumen und Sträuchern treten kann. Ich trat hinaus, sah mich um und konzentrierte mich auf die Bäume und Büsche. Es dauerte nur wenige Sekunden, bis diese anfingen, mit mir zu sprechen! Sie nahmen unterschiedliche Formen an und teilten mir Botschaften über die Zukunft der Menschen mit. So eindrücklich diese Hinweise waren, so erschreckend waren sie auch! Es dauerte nicht lange, und ich musste das Gespräch unterbrechen und wieder ins Haus zurückkehren. Zu intensiv waren die Hinweise. Vermutlich hätte ich ebenfalls Hinweise über die Heilkraft der Pflanzen erhalten können. Doch mein Fokus war auf Vorhersagen und nicht auf die Kraft der Medizin ausgerichtet.

So eindrücklich und für mich als Hellseher imposant diese Erlebnisse waren, so schwierig war ihre Verarbeitung. Es dauerte Wochen, bis ich das Gesehene, Gehörte und Erlebte mental und emotional verarbeiten konnte.

Vom Amazonas fuhren wir nach Quito zurück und flogen von dort nach Bolivien. In Bolivien interviewten wir eine Geschäftsfrau, den Rektor einer Universität und eine Psychologin, um zu erfahren, wie Ayahuasca in der modernen Gesellschaft therapeutisch eingesetzt werden kann. Nach über einem Monat waren wir erleichtert und stolz, als der letzte Drehtag abgeschlossen war. Den letzten sehr aufwendigen Teil, die Postproduktion, übernahm mein guter Freund Robert Fleischer in Deutschland. Mit ihm zusammen entstand dann aus diesen ganzen Erlebnissen der spannende Dokumentarbericht »Ayahuasca – Auf den Spuren einer uralten Medizin«. Der Film gewann in Zürich auf einem Filmfestival den dritten Platz.

Mit diesem Filmbericht war meine Vision, den Menschen im Westen die heilige Medizin des Ayahuascas näherzubringen, erfüllt. Noch heute, über zwei Jahre nach den Reiseerfahrungen, klingen in mir die Stimmen der Bäume nach. Ich höre weiterhin das Rascheln der Blätter, das Seufzen ihrer Stämme und das Wispern ihrer heiligen Sprache.

Don Felinto und sein Sohn Norman leben weiterhin im Dschungel und führen ihre heiligen Zeremonien durch. Sie versuchen, uns aus dem Westen die Sprache der Bäume näherzubringen, um diese zumindest ein wenig zu verstehen.

Mit oder ohne Ayahuasca suche ich das Gespräch mit Bäumen, Sträuchern und Blumen. Ich nähere mich ihnen, spreche sie an und freue mich über ihre Antwort. Wenn ich ganz genau hinhöre, kann ich sogar die Stimme von Don Felinto hören und wie er mir über die Bäume einen Gruß ausrichten lässt.

Prophezeiungen

Propheten und Seher in untergegangenen Kulturen waren das Sprachrohr Gottes. Sie hatten die Gabe, die Zukunft vorherzusehen. Früher, als Gott noch die höchste Priorität war, kamen Menschen mit einer hellseherischen Begabung gleich nach ihm in der gesellschaftlichen Rangordnung.

Heute ist dies etwas anders, speziell in unserer Gesellschaft. Die meisten Menschen im Westen akzeptieren irgendeine Form oder Existenz höheren Wissens. Wer oder wie genau diese Energiequelle ist, ist dann meistens nicht mehr so wichtig. Dank der Globalisierung haben wir die Möglichkeit, uns ein Gottesbild so machen, wie es uns gerade entspricht. Es kann synkretistisch, das heißt, aus verschiedenen kulturellen Einflüssen zusammengewürfelt sein, auch kann es sich je nach Lebenssituation ändern. Gott oder die hinter dem Menschen stehende Urkraft kann in einem Lebensabschnitt buddhistischer Natur sein, im nächsten christlicher oder einfach mit der Natur verbunden.

Mit diesen starken Veränderungen des Göttlichen verändert sich die Informationsquelle der Vorhersagen. Ob diese von Gott, einem Außerirdischen, dem höheren Selbst oder von Engeln kommen, lässt sich nicht konkret festlegen.

Vielleicht ist es nicht so wichtig. Ich denke, viel wichtiger ist, dass die Qualität der Vorhersage stimmt und richtungsweisend ist. Dabei spielt es meines Erachtens keine Rolle, ob die Informationen von einem Wesen oder einer Quelle des Lichtes oder der Dunkelheit kommen. Ich hatte Begegnungen mit Sehern, die für sich beanspruchten, das Sprachrohr eines Engels, des göttlichen Lichts oder der Dunkelheit zu sein. Interessanterweise war in der Qualität der Information kein Unterschied festzustellen. Mit anderen Worten: Ausschlaggebend für die Qualität ist nicht die Quelle, sondern die Qualität und die spirituelle Reinheit des Menschen, der diese Informationen weitergibt. Reinheit bezieht sich dabei nicht auf den ethischen Gehalt der Information, sondern die Transparenz des Kanals.

Ein guter Seher wertet oder beeinflusst seine Prophezeiungen nicht nach eigenem Gutdünken! Leider ist genau dies bei vielen medial Intuitiven das Problem. Die aufgenommene Information wird der eigenen Weltanschauung entsprechend manipuliert. Ich kenne sehr viele medial veranlagte Menschen, von denen man nie etwas Schwieriges oder Negatives hören würde. So schön dies vielleicht ist, so falsch ist es in der Ausübung der Handwerkskunst. Es gibt nichts Schlimmeres für das universelle Wissen als einen Menschen, der manipulierte Informationen weitergibt.

Ein Seher ist nichts anderes als ein Kanal, der sich zu Verfügung stellt, um erhaltene Informationen weiterzugeben. Eigentlich darf es dabei keine Rolle spielen, wie er oder sie persönlich zu dieser steht. Je unbewusster der Kanal im Moment des Empfangens ist, desto besser für die Übertragungsgenauigkeit.

Edgar Cayce war einer der berühmtesten und besten Propheten der Neuzeit. Seine Informationen waren sachlich und klar, nicht manipuliert. Dies vor allem, weil er während des Weitergebens seiner Informationen in einer tiefen Hypnose oder Trance war. Deswegen nennt man ihn auch »den schlafenden Propheten«.

Während einer Prophezeiung wird der Empfänger mit seinem Alltagsbewusstsein durch psychedelische Wirkstoffe so weit »zurückgestellt«, dass Manipulationen weitgehend ausgeschlossen werden können. Dies weiß ich aus eigener Erfahrung: Nicht wenige meiner treffsichersten Prophezeiungen erhielt ich unter dem Einfluss solcher Substanzen. Das Geheimnis ist, dass der Empfänger lernt, sein eigenes Ego so weit wie möglich zurückzustellen.

Obwohl wir in einer Gesellschaft leben, die der Kunst der Prophezeiung eher ablehnend gegenübersteht, gibt es doch immer mehr Menschen, die sich dem Thema öffnen. Heute haben Prophezeiungen einen so guten Ruf wie schon lange nicht mehr.

Prophezeiungen sind eine Landkarte der Entwicklung, die uns vom Universum weitergegeben wird. Sie zeigt uns, wo wir heute stehen und wohin wir uns entwickeln. Das ist wie beim GPS im Auto. Dieses zeigt dem Fahrer an, wo er sich aktuell befindet, und den Weg, den er fahren sollte.

Der Ausdruck Prophezeiung leitet sich vom altgriechischen Wort *prophetia* ab, was so viel bedeutet wie »aussprechen«, »aussagen« oder »für jemanden sprechen«. Prophezeiungen können sowohl für Einzelpersonen als auch für ein Kollektiv gegeben werden. In der Umgangssprache nutzt man für eine Vorhersage bei Einzelpersonen den Begriff »Zukunftsdeutung« oder »Zukunftsvorhersage«, eine Vorhersage für eine große Gruppe nennt man Prophezeiung.

In manchen Kulturen wurden Orte der Prophezeiung als Orakel bezeichnet. Das wohl berühmteste im europäischen Raum ist das Orakel von Delphi in Griechenland. Fürsten und Könige aus dem ganzen Land suchten den Ort auf, um sich die Zukunft vorhersagen zu lassen.

Der Begriff Orakel bezieht sich im heutigen Sprachgebrauch weniger auf einen geografischen Ort, sondern vielmehr auf das Hilfswerkzeug, das man nutzt, um Nachrichten aus zeit- und raumverschobenen Wirklichkeiten zu erhalten. Tarot, I Ging und Runen sind solche Orakel, um die Sprache des Universums zu übersetzen.

Was den Überbringer dieser Nachrichten betrifft, gibt es ebenfalls viele Interpretationen: Für die einen sind es Lichtwesen wie Schutzengel, Geistführer, Dämonen oder Verstorbene, für andere Gott oder eine göttliche Quelle. Meiner Ansicht nach spielt es keine Rolle, wer die Prophezeiungen abgibt, solange der Wahrheitsgehalt und die Qualität stimmen. Ob und wie gut Ansagen sind, zeigt die Zeit.

Ein guter Seher erreicht eine Trefferquote von fünfundsiebzig bis achtzig Prozent, durchschnittliche Trefferquoten dürften um die sechzig Prozent liegen, und alles, was darunter ist, kann ebenso gut erraten sein.

Verständlicherweise haben viele Menschen Angst vor Prophezeiungen. Wenn man sich vorstellt, dass die Zukunft festgelegt ist, ist das erst einmal unheimlich. In der Tat ist vieles in unserem Lebensweg vorbestimmt. Teilweise, weil unsere Entwicklung einer kollektiven Entwicklung (Gesellschaft) unterliegt und darin eingebettet ist, teilweise, weil wir mit unseren Handlungen in der Vergangenheit Situationen ausgelöst haben, deren Konsequenzen wir in der Zukunft erleben müssen oder dürfen. Der Seher oder die Seherin sieht diese Konsequenzen unter Umgehung des linearen Gesetzes der Zeit. Auf diese Weise können Informationen in die Gegenwart geholt werden. Meine Erfahrung zeigt mir, dass Prophezeiungen immer aktiv angegangen werden können. Zwar kann die Situation an sich nicht immer verändert werden, wohl aber die persönliche Emotion und der Umgang damit.

Erkenne ich in einer meiner Vorhersagen zum Beispiel, dass eine Situation nicht mehr verändert werden kann, dann analysiere ich, wie mit dieser am bewusstesten umzugehen ist.

Prophezeiungen müssen nicht immer Schicksalsschläge sein, sie können auch eine schöne und erfreuliche Nachricht beinhalten. Ich denke, es ist an der Zeit, dass wir die Angst vor Prophezeiungen verlieren und sie als das erkennen, was sie sind: *ein Hinweis aus dem Universum, was die Zukunft bereithält und wie damit umzugehen ist.*

Prophezeiungen zu machen oder Visionen zu haben bedeutet nicht, die gesamten Hintergründe zu verstehen. Dennoch erlauben sie einen größeren Blickwinkel als bei »Normalsterblichen«. Es ist für mich so, als ob ich in einem Heißluftballon über einen Landstrich flöge und aus der Höhe die Möglichkeit habe, einen Flussverlauf auch in weiter Ferne noch zu sehen. Dies ist für die Menschen, die direkt am Fluss leben, verständlicherweise viel schwieriger. Sie sehen nur das Stück Fluss vor ihrer Nase, und dies vielleicht noch bis zur nächsten Flussbiegung. Ich hingegen im Heißluftballon habe einen 360°-Rundumblick. Ich kann sehen, woher der Fluss kommt und in welche Richtung er fließt.

Schwebt mein Heißluftballon zum Beispiel über einem Ort, der an einem Fluss liegt, dessen Flussbett von einem Tag auf den anderen trocken ist, habe ich die Möglichkeit, nach hinten zu schauen, um zu erkennen, warum. Vielleicht sehe ich, dass ein Staudamm gebaut wurde. Die Bürger vor Ort sehen nur, dass kein Wasser vorhanden ist, werden unsicher und verängstigt. Die Autorität im Dorf, die vielleicht, ohne die Bürger zu informieren, die Rechte des Flusses an eine Firma verkauft hat, die nun den Staudamm baut, möchte verhindern, dass die Bürger davon wissen. Sie bringt irgendeine Geschichte in Umlauf, um zu beruhigen und Zeit zu gewinnen. Aus meiner »hohen Warte« hingegen kann ich sehen, dass diese Aussage eine Lüge ist.

Ob und wie stark eine Prophezeiung beeinflusst werden kann, hängt davon ab, wie viele Menschen davon betroffen sind und in welchem Umfang die Situation sich physisch niederschlägt. Die Vorhersage im Hinblick auf das Handeln einer Einzelperson lässt sich um vieles einfacher beeinflussen als die in Bezug auf ein ganzes Land. Geht es darum, mit einer einzelnen Person zu sprechen, um eine schwierige Situation abzuwenden, ist dies oft ohne großen Aufwand möglich.

Bei einem ganzen Land hingegen, das einem geopolitischen Zyklus unterliegt, ist dies in den meisten Fällen nicht mehr möglich. Hier lassen sich höchstens noch die persönlich Involvierten und der emotionale Umgang mit der Situation beeinflussen. Die physische Manifestation einer Prophezeiung beinhaltet materielle Gegenstände oder bestimmte geografische Veränderungen. Die Prophezeiung für ein einzelnes Gebäude, ein Projekt oder ein Waldstück lässt sich wiederum einfacher handhaben oder verändern als jene für eine komplexe Geschäftsentwicklung, etwa das Börsengeschehen.

Wie funktioniert Auralesen konkret?

In meinen Seminaren lese ich die Aura und die Chakras der Teilnehmer, indem ich mich auf die Farben des vor mir sitzenden Teilnehmers konzentriere. Jede Farbe hat eine andere Bedeutung. Grün zum Beispiel bedeutet Heilung und Kreativität. Gelb steht für eine stark ausgeprägte Spiritualität bis hin zur Medialität.

Ich tauche tief in die kräftigen Farben der Teilnehmer ein und analysiere die unterschiedlichsten Farben, Symbole und Bilder. Ich seziere die einzelnen Bedeutungen und lege diese vor der betreffenden Person aus. Nun fängt die wirkliche Kunst des Auralesens an: das Interpretieren und Analysieren. Die Aura zeigt tiefstverborgene Seelenanteile der Menschen, und ich helfe, diese zu erkennen. Der Teilnehmer erfährt zum Beispiel, wo seine Talente und Begabungen liegen. Ebenso spiegelt die Aura Ängste oder Befürchtungen wider. Darüber hinaus erkläre ich, wie die Teilnehmer die Fähigkeit des Auralesens selbst entwickeln können, denn jeder Mensch trägt in sich die Fähigkeit, selbst hellseherische Fähigkeiten zu entwickeln – und genau dabei helfe ich!

Eine Teilnehmerin aus Österreich zum Beispiel besuchte einen Kurs, um zu lernen, die Aura lesen. Zu Beginn war dies für die Dame sehr schwer vorstellbar. Dennoch wagte sie den Schritt und meldete sich für den Kurs an. Den ersten halben Tag war es für sie schwierig, überhaupt ein Gefühl für ihre eigene Intuition zu entwickeln. Während der gemeinsamen Meditationen arbeitete ich immer wieder mit dem siebten Chakra, dem Kronenchakra und dem dritten Auge, also dem sechsten Chakra der Frau, um beide zu aktivieren. Man kann sich das so vorstellen, dass ich während den von mir geführten Meditationen durch den Seminarraum gehe und mir die Auren und Chakras aller Teilnehmer ansehe. Ich erkenne, wer wo welche Schwierigkeiten und Blockaden hat. Dies zeigen mir die Farben im Lichtkörper.

Erkenne ich Schwachpunkte, stelle ich mich hinter die Person, vertiefe mich meditierend und lasse Licht durch mich fließen. Dies stelle ich mir vor, wie wenn Wasser durch eine Leitung fließt. Ich lasse dieses Licht durch mich strömen, indem es über mein siebtes Chakra in meinen Körper dringt, durch den Kopf nach unten und über die Schultern und Arme in meine Hände. Diese halte ich ungefähr zwanzig Zentimeter über dem Chakra oder berühre leicht die zugehörige Körperstelle des Chakras und lasse das Licht, das durch mich hindurchgleitet, in das Chakra der Klientin oder des Klienten fließen. Auf diese Weise öffne und aktiviere ich die Chakras der Kursteilnehmer.

Bei besagter Klientin etwa hielt ich meine Hände über das siebte Chakra. Dies ist ausschlaggebend, um die Hellsichtigkeit der Menschen zu stärken. Für ein bis zwei Minuten ließ ich das Licht durch meine Hände in das Chakra der Klientin fließen, bis ich sah, dass es sich öffnete. Strömen die Energien, spüre ich erst ein leichtes Kribbeln, das meine Schädeldecke oft auch etwas erwärmt. In diesem Moment weiß ich, dass die Energie, die ich weitergeben möchte, in mir in Fluss gekommen ist. Das Kribbeln strömt durch meinen Körper, einem Bergfluss ähnelnd, der dem Tal entgegenfließt. Die Wärme, die meinen Körper ausfüllt, löst in mir eine Freude und Erfülltheit aus. Ich weiß, dass die Empfängerperson die Kraft empfängt und diese ihr, wie in diesem Fall, hilft, Chakras zu öffnen.

Während mehrerer Meditationen im Kurs arbeitete ich mit der Teilnehmerin und ihren Chakras, und zwar so lange, bis diese offenblieben und sie ihre Intuition verstärkt wahrnehmen konnte. Durch diese Arbeit mit ihr, durch das Sich-Öffnen und Aktivieren ihrer Energiepunkte, wurde sie schließlich für ihre intuitiven Bilder, die durch sie hindurchfließen, empfänglicher.

Bereits am zweiten Tag des Kurses wurden die Visionen der Frau so stark, dass es ihr nun immer leichter fiel, selbst die Aura der anderen Kursteilnehmer zu lesen. Weil sie Vertrauen zu sich fasste, wurden ihre Wahrnehmungen stärker. Zum Ende des Kurses war es für die Klientin schließlich möglich, präzise Informationen über andere Menschen zu erhalten. Sie konnte Probleme der Vergangenheit sehen, Wohnsituationen beschreiben oder Informationen zur jeweiligen Familie geben.

Mit meinen Kursen helfe ich Menschen, sich ihrer persönlichen Kraft und Intuition bewusst zu werden. Die Teilnehmer lernen, auf sich und die inneren Bilder zu vertrauen. Für mich ist es wichtig, dass sie mit dem Gefühl nach Hause gehen, etwas Neues gelernt zu haben. Sie sollen wissen, dass sie die Kraft der Intuition bewusst im Alltag einsetzen können, um für sich, für Familienangehörige, Freunde oder Mitarbeiter Hilfe und Anregungen zu finden.

Im letzten Teil des Buches finden Sie hinführende Übungen zur Selbstschulung im Auralesen.

Mein Leben als Seher

Meine ersten bewussten Erfahrungen mit Prophezeiungen machte ich Anfang der Neunzigerjahre während meiner ersten Indienreise. Wie schon in meinen älteren Büchern ausführlich beschrieben, eröffnete sich mir in dieser Zeit auf mystische Weise meine Begabung, die bald schon zu meiner Berufung werden würde.

Damals reiste ich mit Tarotkarten, die mir meine Mutter geschenkt hatte, nach Indien. Eigentlich hatte ich sie nur dabei, um für mich ein wenig die Karten zu legen. Ich sah sie eher als ein mystisches Spielzeug als etwas Tiefergehendes. Durch meine ersten intensiven medialen Erfahrungen zuvor wusste ich allerdings, dass es in den Tiefen meiner Seele etwas zu ergründen gab, und dafür waren die Karten gerade richtig. Mit ihnen konnte ich Gefühle und Eindrücke visuell fassbar machen und besser interpretieren.

Wann immer es sich richtig anfühlte, legte ich also Karten und experimentierte. Irgendwann reichte es mir jedoch nicht mehr, meine Gefühle besser zu verstehen, ich wollte sehen, wie gut sich die Zukunft mithilfe der Karten lesen ließe. Ich war erstaunt, wie präzise die Aussagen der Karten waren. Das sprach sich herum, und es dauerte nicht lange, bis die ersten Freunde und Bekannten auf mich zukamen und mich baten, für sie ebenfalls die Karten zu legen. Ohne Werbung zu machen, sprach sich herum, dass dieser junge Schweizer namens Martin ein gewisses Talent habe, wenn es darum ging, die Zukunft mit Karten vorherzusagen.

Schon bald stellte ich fest, dass es mir nicht nur sehr viel

Spaß machte, die Karten zu legen, sondern auch, dass ich damit Menschen helfen konnte. Irgendwann fing ich mit dem ersten kleinen, handgeschriebenen Flyer an: Darauf kündigte ich an, dass man sich bei mir die Karten legen lassen konnte. Ich war damals mit dem Rucksack unterwegs und für jede noch so kleine finanzielle Unterstützung dankbar.

Schon bald nahmen mich ein paar medial aktive Menschen unter ihre Fittiche. So erhielt ich Unterricht, wie die Kraft der Hellseherei effektiv einzusetzen sei. Christina, eine dieser Lehrmeisterinnen, eine Heilerin aus Argentinien, las mein Energiefeld und sagte mir, dass auch ich die Aura lesen könne. Ich vertraute ihrem Urteil, denn ich wusste seit Kindertagen, dass ich manchmal mehr sah als nur den physischen Körper. Bald schon bemerkte ich, dass meine Aussagen über die Aura ebenso effektiv waren wie das Lesen der Tarotkarten, ja mit der Zeit sogar besser und tiefergehend. Anders als die Karten mit ihrer Symbolik und ihren Grundaussagen ließ mir die Aura viel mehr Freiraum und gab mir mehr Informationen. Fortan ergänzte ich meinen handgeschriebenen Flyer mit dem Angebot, die Aura zu lesen. Je mehr Übung ich hatte, desto klarer wurde mir, dass die Aura viel besser geeignet ist, um in die Seelen der Menschen zu tauchen.

Nach knapp einem Jahr in Indien reiste ich einer Vision folgend erst nach Argentinien, wo ich Christina erneut traf und von ihr lernte, und dann weiter nach Bolivien. Ursprünglich sollte die Reise nach Bolivien nur kurz dauern, doch wurden aus wenigen Wochen Monate, dann Jahre und letztlich Jahrzehnte.

Ähnlich wie in Indien fing ich auch dort ganz einfach mit meinem Flyer und Visitenkarten an. Ich hielt Vorträge im kleineren Kreis und bot meine Dienste als Auraleser an. Die Karten ließ ich an dieser Stelle bereits weg. Nur noch für mich oder im Zweifelsfall setzte ich sie ein, um zusätzliche Informationen zu erhalten.

Über nahezu fünf Jahre lebte ich so in Bolivien und verdiente meinen Lebensunterhalt mit Vorträgen, Seminaren und Dienstleistungen als Auraleser. In meinen Einzelsitzungen konzentrierte ich mich auf Prophezeiungen für Einzelpersonen, also Zukunftsanalysen für den individuellen Lebensweg eines Menschen. 1999 schließlich kam ein Freund auf mich zu, der mir von einem vermissten Flugzeug erzählte. Würde ich helfen können zu sehen, ob die Vermissten noch lebten? Anhand von Fotografien der Vermissten konnte ich tatsächlich sehen, dass diese noch eine Aura hatten und somit leben mussten. Im zweiten Schritt und mithilfe einer Landkarte konnte ich einen Ort spüren, an dem sich das Flugzeug befinden musste. Am Tag nach dem Besuch bei mir flogen Helfer an den von mir ausgemachten Ort und konnten das Flugzeug dort tatsächlich finden. Der Fall löste in der Presse einen regelrechten Tsunami aus. Über Nacht wurde ich auf allen Kontinenten bekannt! Ich war plötzlich der Schweizer Hellseher in Bolivien, der ein über mehrere Tage vermisstes Flugzeug gefunden hatte! Durch die vielen Berichte in der Presse wurden neben Einzelpersonen auch Botschaften ausländischer Staaten und Politiker im Land auf mich aufmerksam. Plötzlich ging es nicht mehr bloß darum, zu sehen, ob der Ehemann treu war oder nicht, ob der heimliche Verehrer ebenfalls verliebt war oder ob das mittelständische Geschäft erfolgreich sein würde. Auf einmal analysierte ich die Aura vermisster Touristen, oppositioneller Politiker, terroristischer Gruppierungen, möglicher Waffenhändler und den Ausgang von Wahlen. In dieser ganz neuen Liga kam ich zum ersten Mal in Kontakt mit »richtigen« Prophezeiungen, solchen, die gegebenenfalls nationale Tragweite hatte. Zeitgleich hatte ich in Bolivien mein eigenes Fernsehprogramm namens »Momentos Misticos«, das wöchentlich auf dem Fernsehsender UNITEL lief. In diesem sprach ich über spirituelle Themen, wir besuchten Kraftorte, die wir auch filmten, Zuschauer riefen an, und ich las ihnen live die Karten.

Kurz nach der Jahrtausendwende wurde die Lage in Bolivien dann plötzlich sehr unruhig. Obwohl dies auch in den Jahren zuvor immer wieder einmal der Fall war, fühlte es sich für mich damals doch etwas anders an. Ich erkannte recht bald, dass die Aura des Landes ganz anders aussah als sonst, dass die Stimmung sich verändert hatte!

Während einer der Sendungen wurde ich zur Entwicklung des Landes gefragt und sah, dass sich ein Staatsstreich anbahnen würde. Die Aussage war schockierend und beängstigend zugleich – nicht nur für die Zuschauer, sondern auch für mich. Mit so einer Aussage hatte ich mich doch relativ weit aus dem Fenster gelehnt. Bald darauf wurde der Präsident aus dem Amt gejagt: Meine Vorhersage des Staatsstreichs war eingetreten.

Ähnlich wie beim Flugzeug sorgte auch dieser Fall wieder für ein großes Medienecho. Ein junger Schweizer Hellseher in Bolivien hatte einen Staatsstreich im Vorfeld angekündigt. Das brachte meine Arbeit als Seher wirklich voran. Meine ebenfalls richtige Vorhersage der Gewinnerin des Titels »Miss Universum 2002« nahm sich da vergleichsweise harmlos aus, wurde aber intensiv von der nationalen Presse begleitet. Mit den drei erfüllten Prophezeiungen in meinem Gepäck öffneten sich mir in der Folge viele Türen in Politik und Wirtschaft, in Bereichen also, von denen die meisten Menschen nur träumen. Immer wieder wurde halb ernst, halb im Scherz behauptet, ich sei ein spiritueller James Bond.

In weniger als fünf Jahren wurde ich von einem unbekannten Schweizer Hellseher, der mit seinem Rucksack in Bolivien hängengeblieben war, zu einem der bekanntesten medialen Seher, der Präsidenten, Botschafter, ehemalige Diktatoren, Geheimdienstleute und Inhaber von multinationalen Unternehmen zu seinen Kunden zählte.

Immer wieder musste ich dabei über meinen Schatten springen, um Grenzen und Ängste zu überwinden, ja Vorurteile abzulegen. Ich erkannte, dass selbst oder speziell in den höchsten Ebenen der menschlichen Gesellschaft Schwarz und Weiß nicht so sind, wie man sich das im gutbürgerlichen Hause vorstellt. Meine Kunden reichten von ganz links bis ganz rechts, von sehr pazifistisch bis geradezu blutrünstig. Während die einen Friedenstauben züchteten, stellten die anderen Waffen für blutige Konflikte her.

Deshalb stellte sich für mich auch immer wieder die Frage, wie weit ich Dinge vertreten kann und möchte. Ich sagte mir dann, dass wir in Gottes Augen alle Menschen sind und jeder das Recht hat, in Kontakt mit seiner Aura zu treten. Wer bin ich, dass ich bewerte, was gut und was schlecht ist? Ganz unabhängig davon, dass auch die Definition und Wahrnehmung von Gut und Schlecht, wie ich bald schon erkennen musste, sehr relativ und dehnbar ist.

Nebst den spannenden Erlebnissen als Seher höchster gesellschaftlicher Kreise war ich mir doch auch meiner Verantwortung bewusst. So wähle ich meine Kunden immer vorsichtig aus, erspüre, aus welchen tieferen Instinkten heraus diese handeln und was sie damit erreichen wollen. Faszinierend waren für mich Begegnungen mit Menschen, die in der Presse geradezu als böse bezeichnet wurden, sich in intimen Gesprächen aber als ganz anders herausstellten. In vielen Fällen war es sogar so, dass das, was in der Presse stand, nichts als Propaganda, ja regelrechte Diffamierung war. Ich musste lernen, wie gefährlich es ist, wenn man Gut und Böse aus dem jeweiligen Kontext löst und Dinge allein nach modernen westlichen Maßstäben bewertet.

Ende 2006 reiste ich von Südamerika in den Mittleren Osten, um mich dort niederzulassen. Die Kulturen dort hatten mich schon immer fasziniert, das machte alles einfacher.

Dank meiner ersten Erfahrungen mit politischen Prophezeiungen und Analysen für Politiker und Journalisten war ich bestens vorbereitet auf den Mittleren Osten. Gleich nach meiner Ankunft in Beirut brachen größere Unruhen aus. Auch diese analysierte ich wieder medial, gab die Informationen weiter und lag auch dort wieder richtig mit meinen Prophezeiungen. Wie zuvor in Südamerika dauerte es auch im Mittleren Osten nicht lange, bis meine Arbeiten über die

Landesgrenze des Libanon hinaus bekannt wurden. Nun lassen sich allerdings die Dimensionen der Konflikte, wie ich sie von Südamerika her kannte, nicht im Geringsten vergleichen mit jenen, die im Mittleren Osten auf mich zukamen! So dauerte es nicht lange, und ich war seherisch in den meisten Ländern der Region aktiv. Meine Prophezeiungen reichten von Afghanistan über den Iran, den Irak, Syrien, den Libanon und bis nach Israel. Ab 2007 veröffentlichte ich in libanesischen Zeitschriften regelmäßig Prophezeiungen für die Region. Richtig intensiv wurde es dann ab 2011. Mit dem Beginn des arabischen Frühlings begann auch für mich eine neue Dimension seherischer Aktivität. Mein mediales Radar arbeitete von der Westküste Nordafrikas bis ins ferne Zentralasien. Nicht nur einmal pro Jahr, sondern in regelmäßigen Abständen veröffentlichte ich meine Vorhersagen in Zeitschriften und im Internet-TV. Dabei ging es nicht immer nur um den konkreten Inhalt meiner Prophezeiungen, sondern um meine Einschätzung der politischen Lage insgesamt.

Nach 2012 zog es mich vom Mittleren Osten wieder nach Süd- und Zentralamerika zurück, dennoch war ich für lange Zeit beinahe täglich medial mit dem Mittleren Osten und Nordafrika beschäftigt.

Da ich in Europa aufgewachsen bin und meine Familie dort lebt, habe ich starke emotionale Bindungen dorthin. Kurz vor den ersten Terroranschlägen wagte ich mich nun mit meinen Visionen für Europa an die Öffentlichkeit. Dabei hatte ich gehofft, dass mehr Zeit verstreichen würde, bis sie eintrafen, und war emotional sehr berührt, wie schnell alles ging.

Nachdem die erste Welle meiner Vorhersagen für Europa Gestalt annahm, wagte ich mich kurz danach mit einer zweiten Analyse an die Öffentlichkeit. Die meisten dieser Vorhersagen veröffentlichte ich nicht nur schriftlich, sondern auch im Internet-Fernsehen.

Analysiere ich medial eine geografische Umgebung, so fallen mir meistens ungewollt Informationen zu umliegenden Gegenden zu. So geschah es, dass ab 2013 Europa immer mehr auf meinem medialen Radar auftauchte. Auch hier könnte ich wieder die Metapher mit der Reise im Heißluftballon verwenden: Ich flog also in meinem medialen Heißluftballon über den Mittleren Osten, und weil Europa gleich nebenan liegt, sah ich aus meiner höheren Warte auch immer wieder Ereignisse für den alten Kontinent auftauchen.

Ich zeichnete oder schrieb mir die Bilder auf und legte sie, ohne sie einzusetzen, zur Seite. Erst ungefähr 2014 oder Anfang 2015 fing ich an, meine Visionen für Europa niederzuschreiben und auch auf meiner Webseite zu veröffentlichen. Meine Bilder waren emotional bewegend, von Unruhe geprägt und mit Gewalt verbunden. Sie aufzuschreiben war nicht einfach. Ich spürte, dass ich diesmal emotional stärker involviert war. Über Unruhen im Mittleren Osten, Nordafrika oder Südamerika Visionen zu erhalten, war zwar auch nicht einfach, dennoch war ich emotional distanziert genug und konnte besser damit umgehen.

Nicht vorbereitet war ich auf die emotionalen, oft auch aggressiven Kommentare zu meinen Vorhersagen. Ich war es gewohnt, über politische Unruhen zu berichten. Schon gute fünfzehn Jahre hatte ich mich mit politischen Bürgerkriegen und Konflikten auseinandergesetzt und diese regelmäßig veröffentlicht. Diesmal jedoch war es anders, diese Reaktionen überraschten mich und trafen mich unvorbereitet.

Veröffentlichte ich in Südamerika und dem Mittleren Osten Vorhersagen zu politischen Unruhen, wurden diese angenommen und positiv befolgt. Oft spürte ich Dankbarkeit, dass man die Möglichkeit hatte, sich auf die kommenden Umstände vorzubereiten. In Europa hingegen waren viele Reaktionen aggressiv, teilweise sogar bedrohlich. Dies berührte mich sehr, war ich doch bis dahin solche Rückmeldungen nicht gewohnt. Auf der einen Seite sah ich eine gewisse Überheblichkeit, dass die Menschen in Europa relativ kaltblütig und distanziert mit meinen Visionen zu Unruhen im Mittleren Osten und in Südamerika umgingen. Fast schien es, als ob es den Menschen egal war, solange es nur bei ihnen nicht brannte.

Als klar wurde, dass Unruhen auch vor der eigenen Haustür anstehen würden, kam vielleicht eine gewisse Hilflosigkeit auf. Vielleicht dachten sich die Menschen, dass auch meine Vorhersagen für Europa zutreffend sind, wie das in Südamerika und dem Mittleren Osten der Fall war. Dass dem so ist, zeigt sich in allen Punkten. Aggressionen, die mir entgegenschlugen, wertete ich als Zeichen der Unsicherheit, da man nicht wusste, wie mit solchen Situationen umzugehen sei. Manchmal kam es mir fast so vor, als ob man den Überbringer der Nachricht für deren Inhalt bestrafen wolle.

Wer mich der Schwarzmalerei verdächtigen möchte, versteht nicht den Hintergrund der Prophezeiungen. Ich male die Bilder nicht, ich leite sie nur weiter.

Mein Leben war immer wieder von stark einschneidenden Erlebnissen geprägt: Mit Mitte zwanzig, dann, als ich 1992 meine ersten Visionen hatte. Das nächste prägende Erlebnis war 1999 das Auffinden des vermissten Flugzeugs in Bolivien. Zwischen 2004 und 2006 dann der nächste wichtige Schritt mit den Unruhen in Bolivien. 2008 war wichtig, da dies ein Meilenstein meiner Vorhersagen im Mittleren Osten war. In diesem Jahr stand der Libanon am Rande eines größeren Bürgerkriegs. Ab 2011 veränderte der arabische Frühling mein Leben, weil dadurch meine Prophezeiungen gleich auf mehreren Kontinenten Relevanz bekamen. 2014 schließlich berührten meine Vorhersagen erstmals meinen eigenen Kulturkreis und die Region meiner Herkunft. So schwierig es manchmal auch ist, mit diesen Bildern umzugehen, so wichtig ist es mir doch auch, diese zu teilen. Trotz vieler Missverständnisse und starker Vorbehalte bei den Empfängern sehe ich auch, dass eine weit größere Gruppe von Menschen bewusst und produktiv mit Prophezeiungen umgehen kann. Mit ihrer Hilfe können sich diese Menschen auf die kommenden Ereignisse einstellen. Nicht anders, als wenn man im Wetterbericht sieht, dass es bald anfängt zu regnen, und sich einen Schirm greift, bevor man auf die Straße geht.

Wo sind die Grenzen?

Sehr geehrter Herr Zoller, können Sie mir bitte die Lottozahlen vorhersagen?

Anfrage via E-Mail

Nichts und niemand ist perfekt, jeder Mensch hat seine Schwächen und unglücklichen Momente. Nicht anders verhält es sich bei uns medial Veranlagten. Viel zu oft werden wir in das Pantheon der Halbgötter gehoben, obwohl wir so menschlich sind wie alle anderen.

Durch die oft schon fast religiösen Erwartungen an uns wird uns das Leben nicht einfacher gemacht. Kompliziert wird es, wenn die medial veranlagte Person versuchen möchte, diesen Erwartungen zu entsprechen. Was dann entsteht, ist eine Art äußerliche Heiligkeit, hinter der nicht wenige Schwachpunkte und Probleme lauern, wie bei allen anderen Menschen auch. Speziell jene, die heilig und perfekt auftreten, sind hinter verschlossener Tür meistens frustriert und durch das Unterdrücken normaler menschlicher Bedürfnisse nicht selten Opfer seltsamer Süchte oder psychotischen Verhaltens.

Ich weiß, wovon ich spreche, ich sehe und erlebe, was hinter verschlossenen Türen passiert. Deshalb muss man klar sagen: Kein Hellseher, kein Heiler, kein Therapeut oder Seher ist perfekt oder ethisch vollkommen (auch wenn sich viele so benehmen).

Nach Lottozahlen, der genauen Entwicklung bestimmter Aktien an der Börse oder den exakten Vorhersagen sämtlicher Spiele bei einer Weltmeisterschaft werde ich immer wieder gefragt. Mit den Lottozahlen habe ich es schon versucht, bisher ohne Erfolg. Natürlich höre ich immer wieder, wie jemand von jemandem gehört hat, der diese vorhersagen kann ...

Seit einigen Jahren investiere ich an der Börse, mit zufriedenstellendem Erfolg. Weniger erfolgreich bin ich bei Sportwetten. Das eine oder andere Resultat sehe ich voraus, die Trefferquote ist aber zu niedrig, um mich damit auseinanderzusetzen. Vermutlich hat es damit zu tun, dass ich zu wenig Interesse an Sport habe. Die intuitive Wahrnehmung passt sich persönlichen Interessen an (oder umgekehrt).

Den Weg des höheren Selbst zu gehen bedeutet, die Grenzen der eigenen Möglichkeiten zu erkennen und dafür mit dem persönlichen Talent innerhalb dieser Grenzen zu wachsen, Erfüllung zu finden und seine Umgebung mit Licht, Freude und Kreativität zu erfüllen.

Es gibt verschiedene Schulen und spirituelle Techniken, die damit arbeiten, dass sämtliche Wünsche und Vorstellungen möglich sind. Ich finde solche Techniken fragwürdig, denn sie bringen den Adepten oft vom eigentlichen Weg ab. Sie verkaufen eine Illusion und lassen den Menschen glauben, dass alles möglich sei. Ich kenne viele, die diesen Lehren verfallen sind und über Jahre einer Illusion hinterherrannten. Zu guter Letzt werden diese Leute so wenig Erfolg haben wie die Tausenden von durchschnittlichen Schauspielerinnen und Schauspielern in New York oder Los Angeles, die den Traum haben, berühmt zu werden, doch es nicht weit bringen. Ich hatte das Glück (oder auch nicht), fast ein Jahr in New York zu leben. Dort begegnete ich unzähligen »SchauspielerInnen« und »Models«, die schon Jahre in dieser Weltmetropole lebten und doch keinen Auftrag bekommen hatten. In den Auren dieser jungen Damen und Herren konnte ich sehen, dass sie ihren Traumberuf nicht erreichen würden. Heute, über zehn Jahre später, bin ich mit manchen von ihnen noch in Kontakt. Alle haben sie die Stadt verlassen und machen heute etwas anderes. Man kann einer spirituellen Illusion ebenso hinterherrennen wie einer materiellen. Solange das Grundtalent oder die Begabung nicht vorhanden ist, bleibt ein Traum ein Traum. Würden diese Traumtänzerinnen und Traumtänzer der wirklichen Intuition folgen, anstatt ihren Illusionen oder Fantasien hinterherzujagen, so würden sie sehr schnell spüren, wo die eigenen Grenzen sind, und einen anderen Weg einschlagen.

Unser höheres Selbst ist unendlich geduldig mit uns. Es kommuniziert mit uns über die Seelensprache, die wir intuitiv wahrnehmen, und behandelt uns wie eine gutmütige und sehr liebenswerte Mutter, die unsere Stärken und Schwächen akzeptiert. Unsere Intuition zeigt uns aber auch immer wieder klar den richtigen Weg auf, aber auch die Grenzen des Machbaren. Sie will verhindern, dass wir Wege beschreiten, die außerhalb unserer Möglichkeiten liegen. Das hat nichts mit Eingrenzungen und Engstirnigkeit zu tun. Die Intuition möchte uns einfach nur auf den richtigen Weg der Berufung bringen, damit wir ein Leben in Fülle und Zufriedenheit genießen.

Gibt es Gott im Hologramm?

Die unendliche Schöpferkraft des Universums spiegelt sich in jedem Atom und in jeder kreativeren Ausdrucksform wider. Das Hologramm erfindet sich in jedem Moment immer wieder neu. Gott, das Universum lässt sich nur erahnen.

Wollte man die Ganzheit des Hologramms und die darin enthaltene Wirklichkeit der dritten Dimension auf unseren Planeten übertragen, wäre es vielleicht so, wie wenn unsere eigene Realität ein Sandkorn wäre und das Hologramm der ganze Planet.

Dass es uns nicht möglich ist, die Ganzheit Gottes zu verstehen, zeigt der Umstand, dass es auf unserem Planeten unzählige Ideen, Vorstellungen und Ansichten über ihn gibt. Interessanterweise verhält es sich in zeit- und raumverschobenen Wirklichkeiten nicht anders. Auch dort habe ich sehr unterschiedliche Interpretationen und Philosophien, die Idee Gottes betreffend, empfangen, so zahlreich wie der Sand am Meer.

Meine Überzeugung und Erfahrung sagt mir, dass es eine göttliche Urkraft gibt. Ich maße mir aber nicht an, diese auch nur im Geringsten zu verstehen. Die verschiedenen Weltreligionen und Philosophien lassen sich mit einzelnen Stämmen auf Inseln im Ozean, auf den unterschiedlichen Meeren, vergleichen. Die meisten Philosophien oder Religionen gehen davon aus, dass ihre Welt oder Lebenseinstellung der Nabel der Welt ist respektive die wirkliche Weisheit widerspiegelt. Was wir heute als moderne Spiritualität kennen, ist ein Mischmasch aus diesen unterschiedlichsten Lehren, was aber nicht bedeutet, dass sie damit dem wirklichen Bild Gottes näherkommen. Wer Gott einordnen will, ist zum Scheitern verurteilt.

So unterschiedlich, schwer definierbar und vielseitig die Definitionen von Gott hier auf Erden sind – im Hologramm ist es nicht besser. Überall fand ich eine, wenn auch nicht immer definierbare und bewusst wahrnehmbare, substantielle Energie, eine Art Gottesgedanken.

Alle irdischen Religionen sind nur ein Vorgeschmack, ein hilfloser Versuch, sich dem Göttlichen zu nähern.

Am ehesten erahnen lässt sich aus der Sicht des Hologramms das Göttliche in seiner Undefinierbarkeit vielleicht in der absoluten Stille – an einem Ort, der sich richtig anfühlt.

Atheismus im Universum

Atheismus leitet sich vom altgriechischen Wort átheos, das »ohne Gott« bedeutet, ab. Es bezieht sich auf die Ablehnung oder Abwesenheit des Glaubens an einen Gott oder mehrere Götter.

Ich möchte einen Schritt weitergehen und sagen, dass

Atheisten genau jene sind, die den religiös geprägten Gott dem universell kosmischen vorziehen. Gott als höchste Energieform im gesamten Hologramm sämtlicher Realitätsformen, Schwingungen und Wirklichkeiten ist religionsfrei, undogmatisch, frei von Moral und Ethik und somit jeglicher Wertung. Der Irrglauben, Gott in eine Religion einengen zu wollen, deutet auf eine Arroganz hin, in der sich der Mensch über Gott stellt. Könnten Religionen Gott in seiner Ganzheit wirklich verstehen, so gäbe es keine Widersprüche in den verschiedenen Philosophien, Ansichten oder Bildnissen von Gott. Einen klitzekleinen Aspekt des universellen Gottes zu erkennen, diesen dann aber als allmächtige Wirklichkeit hinzustellen und sich damit über andere zu stellen, das ist Atheismus!

Gott lässt sich nicht in die Karten schauen. Er lässt sich teilweise erahnen, erspüren, aber nie verstehen. Das Problem jeglicher Religionen ist, dass sie für sich das Recht beanspruchen, über den anderen zu stehen. Vermutlich sind Religionen ein armseliger Versuch, das menschliche Handeln in einer Gesellschaft kontrolliert ablaufen zu lassen, damit sich das Volk an gewisse Grundregeln hält. Das mag richtig sein und funktioniert als menschliches Gesetz hier auf Erden, hat aber rein gar nichts mit Gott zu tun.

Ein erster Schritt, Gott als Ursprung in allem zu erkennen, wäre, alles als Teil Gottes annehmen zu können. Solange eine Glaubensform eine andere verurteilt, sind dies philosophische Ansätze und Theorien, aber keine universellen Gesetze.

Was würde passieren, wenn die gesamte und ungebeugte Urkraft Gottes in jedem von uns erwachen würde? Es wäre gut möglich, dass die Erde dann ein paradiesischer Planet wäre. Es könnte ebenso gut möglich sein, dass die geballte Kraft Gottes zur Folge hat, dass wir uns naturgesetzhaft gegenseitig zerfleischen würden. Ganz nach dem Gesetz des Dschungels, dass der Stärkere überlebt.

Auf meinen Reisen durch Raum und Zeit sind mir in anderen Sphären nie uns hier bekannte religiöse Symbole oder Zeichen begegnet. Wären diese wirklich göttlich, so würden sie sich auch dort finden.

Religionen übersetzen die Kraft Gottes in ihrer Symbolsprache. Das ergibt Sinn und darf sein. Meines Erachtens liegt das Problem darin, dass einzelne Volksgruppen ihre eigenen Symbole über andere stellen.

Verlässt die Seele den Körper, nimmt sie vieles mit. Erfahrungen und Erinnerungen, Emotionen und bestimmt auch das eine oder andere philosophisch Erlernte. Was sie bestimmt nicht mitnimmt, sind religiöse Zeichen und Symbole, da diese in anderen Dimensionen einer Form von Atheismus gleichkommen.

Vermutlich erkennt die befreite Seele, dass Religionen viel mehr behindern als Verständnis bringen, wenn es darum geht, die göttliche Urkraft als solche zu verstehen.

Im Umkehrschluss könnte man sagen, dass Energien und Wesenheiten in zeit- und raumverschobenen Wirklichkeiten nach unserer Definition Atheisten sind. Schließlich glauben sie an keinen Gott, so wie wir das tun. Vielleicht gelingt es uns eines Tages, eine kosmischere und ganzheitlichere Auffassung vom Wesen Gottes zu erlangen.

Who's who des Hologramms

In diesem Abschnitt möchte ich mich hauptsächlich auf jene Wesen konzentrieren, die uns Menschen nahestehen, und solchen, mit denen ich immer wieder zu tun hatte. Ich erhebe keinen Anspruch auf Vollständigkeit.

Im multidimensionalen Universum gibt es unzählige, schwer definierbare Wesen, was Formen, energetische Beschaffenheit, Größe oder Sichtbarkeit angeht.

Am nächsten stehen uns Menschen sicherlich die **Seelen unserer Vorfahren** oder die Seelen der Ungeborenen. Stirbt ein Mensch, so lebt seine Seele weiter. Jenseitskontakte sind uns auch in Mitteleuropa bestens bekannt. Eine Seele im Jenseits, die früher einmal ein Mensch war, ist nichts anderes als eine Aura ohne menschlichen Körper. Stirbt der Mensch, zerfällt sein Körper, seine Aura hingegen bleibt auf unbestimmte, wenn nicht sogar unendliche Zeit bestehen. Das ist wie Wasser, das gefriert. Gefrorenes Wasser ist harte Materie und lässt sich anfassen. Genauso verhält es sich mit dem Menschen. Er ist harte Masse, lässt sich anfassen und hat eine Seele oder energetische Schwingung in sich. Bei Wärme schmilzt das Eis, und das Wasser nimmt eine neue, sehr flexible Form an. Wird Wasser zusätzlich erhitzt, so fängt es an zu verdampfen und wird für das menschliche Auge »unsichtbar«. Das bedeutet aber nicht, dass es nicht mehr existiert. Beim Ableben des Menschen löst sich die Seele aus dem Körper und entschwindet dem Wasserdampf ähnlich in den Weiten des für uns nicht sichtbaren Raumes.

Für mich als Hellseher ist dies etwas anders. Schmilzt Wasser und verdampft, kann ich es nicht mehr sehen. Stirbt jedoch ein Mensch und löst sich seine Aura vom menschlichen Körper, kann ich sie weiterhin wahrnehmen. Ich erkenne, ob die Aura einem Mann oder einer Frau gehörte, auch kann ich die Aura mit einer konkreten Person in Verbindung bringen.

Die Seelen Verstorbener sind manchmal über Jahrhunderte, sogar Jahrtausende kontaktierbar.

Meine jahrelangen Erfahrungen und Recherchen auf diesem Gebiet lehrten mich, dass Seelen so lange im Jenseits, also in multidimensionalen Wirklichkeiten kontaktiert werden können, bis sie wieder inkarniert oder meiner Wahrnehmung nicht mehr zugänglich sind.

Es gibt Seelen Verstorbener, die verwirrt sind und nicht wissen, dass sie nicht mehr leben. Sie irren und wandeln durch Zeit und Raum und sind meistens an den Ort gebunden, an dem sie gestorben sind. Andere bleiben bewusst in der Nähe, um Hinterbliebene zu unterstützen. Eine andere Gruppe von Verstorbenen bleibt an einem Ort, um diesen zu beschützen.

Geistführer sind eine weitere Gruppe von Wesen, die im Hologramm des Universums kontaktiert werden können.

Es sind Seelen, die in vergangenen Leben als Menschen inkarniert waren und in ihrer Evolution so weit gekommen sind, dass sie entschieden haben, nicht mehr inkarniert zu werden, um als Lichtwesen zu helfen. Auch passiert es, dass ihnen dieser Auftrag von ihrem höheren Selbst erteilt wird. Geistführer arbeiten normalerweise mit Menschen, die ihren eigenen Begabungen und Talenten entsprechen. Sie vollziehen in der geistigen Welt Dinge, die sie schon als Menschen ausgeführt hatten.

Ein Mensch, der etwa als Heiler arbeitet, zieht einen Geistführer an, der auf Erden ebenfalls ein Heiler, Schamane oder Arzt war und sein Wissen nun aus der geistigen Welt weitergibt. Ein Künstler zieht einen Geistführer an, der die Kraft der Kreativität in sich trägt und auch schon ausgelebt hat. Ein General verbindet sich mit Lichtwesen, die in vergangenen Leben oder in anderen Dimensionen ebenfalls die Kunst des Kampfes beherrschten. Ändert ein Mensch seinen Beruf, so zieht er neue Geistführer an.

Geistführer bleiben zeitlos mit ihrer Aufgabe verbunden und helfen Menschen oder auch Wesen auf anderen Planeten und in anderen Dimensionen.

Schutzengel sind Lichtwesen, die mit einem Sonnenstrahl verglichen werden können. Sie sind reines Licht. Sie verkörpern das höchste Bewusstsein und stehen in direktem Kontakt mit dem Göttlichen. Sie haben keine individuelle Persönlichkeit und sind mit einer Kollektivseele zu vergleichen. Schutzengel sind omnipräsent und können sich an beliebigen Orten gleichzeitig manifestieren. Für sie spielen Raum und

Zeit keine Rolle, sie sind vermutlich die dem Urgöttlichen am nächsten stehenden Wesen. Aber Achtung! Engel sind nicht nur »gute« Wesen. Sie können Prozesse auslösen, die hier auf Erden unter Umständen als negativ gewertet werden. Schutzengel sind also nicht nur Lichtwesen der Liebe und Harmonie, sie können auch Krieg, Zerstörung und Gewalt auslösen. Sie sind Überbringer des göttlichen Wissens, das über alle Wertung erhaben ist. Engel tragen in ihrem Brustkorb die Urkraft kosmischer Energie und drücken diese aus, je nachdem, wie der göttliche Auftrag lautet.

Dämonen sind Lichtwesen, die sich darauf spezialisiert haben, die Kraft der Zerstörung zu übernehmen. Das bedeutet nicht, dass sie herzlos sind oder keinen göttlichen Auftrag hätten. Sie sind Krieger des Lichts, die eine undankbare Aufgabe übernommen haben, zumindest aus unserer Sicht.

Aus diesem Grund fühlen sie sich von Menschen oder Zeremonien angezogen, die zerstörerische Energien produzieren. Hinter Raum und Zeit, unabhängig von unserer individuellen Wahrnehmung und Wertung, sind diese Wesen genauso mit dem Licht verbunden wie jene, die wir als Schutzengel bezeichnen.

Ich hatte auf meinen Reisen in andere Sphären immer wieder Begegnungen mit Dämonen. Dies war solange erschreckend für mich, wie ich im Banne meiner Vorbehalte stand. Später erkannte ich die Reinheit dieser Wesen, und heute kann ich mit ihnen ebenso gut kommunizieren wie mit einem Schutzengel oder Geistführer.

Außerirdische sind Wesen, die außerhalb der Erde auf anderen Planeten leben. Streng genommen sind auch Engel, Dämonen oder Geistführer Außerirdische. Umgangssprachlich sind es aber »Wesen von anderen Sternen«, auch solchen aus anderen Zeit- und Raumdimensionen.

Meine Verbindung mit Außerirdischen ist intensiv. Zwei meiner wichtigsten Geistführer stammen vom Stern Sirius. Meinen ersten bewussten Kontakt hatte ich während meiner ersten Indienreise Anfang der Neunzigerjahre. Seither begleiten sie mich und geben mir immer wieder sehr wichtige Hinweise für meine persönliche Entwicklung, aber auch zu Projekten, Seminaren oder Vorträgen. Werde ich in ein neues Land eingeladen, um ein Seminar oder einen Vortrag zu halten, ist mir die Kultur und Mentalität nicht immer vertraut. In solchen Fällen verbinde ich mich mit meinen außerirdischen Begleitern und bitte sie, mir mit den Themen der Vorträge oder Seminare zu helfen, und um eine gute Vorbereitung auf das, was mich erwartet. Diese Unterstützung ist äußerst hilfreich.

Auf unserem Planeten gibt es ganz verschiedene Basen, die von Außerirdischen benutzt werden und von denen aus sie mit uns arbeiten. In einem Channeling teilte mir einer meiner außerirdischen Geistführer mit, dass sie noch am ehesten mit Sozialarbeitern verglichen werden könnten. So wie wir Sozialarbeiter oder Mitarbeiter internationaler Organisationen in verschiedene Länder senden, um dort Hilfe zu leisten, senden Kulturen anderer Welten Wesen aus, um uns bei unserer Entwicklung zu helfen.

Zu Beginn meiner medialen Tätigkeit nutzte ich noch fast täglich die Informationen meiner Geistführer und die außerirdischer Freunde. Ich lernte dazu und entwickelte mich weiter. Auch heute noch setze ich mich mit ihnen in Verbindung, nicht jedoch ohne meine eigene Intuition und Wahrnehmung zum Einsatz gebracht zu haben.

Alle uns bekannten Elemente (Feuer, Wasser, Luft, Erde, Äther) sind von ihren **Elementarwesen** umgeben. Diese können von sensitiven Menschen gesehen oder gespürt werden. Man kann mit ihnen kommunizieren und so Informationen über das jeweilige Element erhalten, insbesondere über dessen spezifische Heilkräfte, was für Heiler von Bedeutung ist.

Elfen, Zwerge, Einhörner, Gnome, Drachen und je nach Kultur viele andere mythologische oder mystische Wesenheiten leben unter uns, aber in anderen Sphären. In der Tat leben viele der Wesen, die wir aus Legenden und Mythologien kennen, irgendwo in zeit- und raumverschobenen Wirklichkeiten. In vergangenen Zeiten verbanden sich sensitive Menschen mit den Wesen in diesen Sphären und kommunizierten mit ihnen. Aus ihrem Vermächtnis entstanden Legenden und Mythen.

Auf meinen Reisen in ferne und nicht so ferne Länder sind mir immer wieder solche Wesen begegnet, sei es mithilfe psychedelischer Pflanzen oder in einfachen Meditationen. Ich bin immer wieder fasziniert, wie vielfältig und unendlich die Wirklichkeit dieser Wesen ist! Genauso wie Biologen auch heute noch in verborgenen Amazonasregionen oder tief im Ozean neue Tierarten entdecken, begegnen wir Hellsichtigen immer wieder unbekannten Wesen in den unterschiedlichsten Sphären. Die Intuition und eine starke Wahrnehmung sind dafür die Voraussetzung.

Die Erde ist nicht nur auf der Oberfläche bewohnt, sondern auch in ihrem Inneren. Wie oben beschrieben, nutzen Außerirdische irdische Basen. Das können Bergstollen sein, Hügel, Meere und Seen. Unterirdische Städte sind bewohnt von Wesen mit Seelen, **»Erdenbürger« in einer anderen Dimension**. Diese Wesen haben die Aufgabe, die Magnetströmungen und -felder innerhalb der Erde zu schützen. Auch versuchen sie, die Natur vor uns Menschen so gut wie möglich zu schützen. Dass dies keine einfache Aufgabe ist, versteht sich von selbst. Viele archaische Kulturen waren und sind in ständiger Verbindung mit ihnen und arbeiten für den Schutz der Natur Hand in Hand.

Als **Astralwesen** bezeichne ich jene, die keinen humanoiden Körper haben und als Energiewolken wahrnehmbar sind. Aus einer gewissen Distanz sehen sie aus wie ein Schwarm Mücken, der durch die Luft fliegt. Man könnte sagen, sie sind eine Aurawolke, die durch Zeit und Raum schwebt. Kommunizieren kann man mit ihnen telepathisch. Ihre Aufgabe besteht meist darin, ihre Umgebung von negativen Energien zu reinigen.

Nicht namentlich definierbare Wesenheiten sind jene, die in einem der unendlichen Universen des Hologramms existieren. Sie lassen sich vergleichen mit den unzähligen Indianerstämmen im Amazonas oder den Einheimischen auf einer der vielen Südseeinseln. Sie leben in ihrer Realität, schweben durch Raum und Zeit. Begegnet man ihnen, setzen sie sich mit einem auseinander. Den meisten dieser Wesen sind wir wohl noch nie begegnet und werden wir vermutlich auch nicht.

Zumeist gibt es einen Austausch zwischen den verschiedenen Arten von Energiewesen. Sie helfen sich gegenseitig, tauschen sich aus, lieben, kommunizieren, kämpfen, erobern, begleiten – und vermutlich vermischen sie sich sogar untereinander, wenn es um die Fortpflanzung geht.

Wie bei uns auf der Erde gibt es auch bei ihnen solche mit Hierarchien, Familien und Stämmen. Andere existieren als Einzelwesen oder vibrieren wie bei den Schutzengeln als Kollektiv. Meine Geistführer vom Sirius zum Beispiel sprechen bei ihren Nachrichten nie in der »Ich«-Form. Sie identifizieren sich als Einzelwesen mit einem Namen (oder zumindest geben sie sich diese für uns), sprechen aber immer in der »Wir«-Form. Das Denken und Handeln des Einzelnen entspricht zu hundert Prozent dem höheren Plan des Kollektivs. Dieser wiederum leitet sich ab von einem göttlichen Plan.

TEIL 3

Integration

Rückkehr zur Erde

Reisen in zeit- und raumverschobene Wirklichkeiten sind vergleichbar mit einem Urlaub an einem traumhaft schönen Strand, ohne zeitliche Begrenzung und der Freiheit und Möglichkeit, dass sämtliche Wünsche und Gedanken sich fast von alleine manifestieren. Diese Leichtigkeit und Freiheit lässt sich kaum in Worte fassen.

Menschen, die klinische Nahtod-Erfahrungen erlebten, erzählten nach ihrer Rückkehr ausnahmslos über sehr ähnliche Erfahrungen. Viele von ihnen wurden auf der anderen Seite von ihren Ahnen oder Lichtwesen begrüßt. Sie waren von einem Lichtraum umgeben, in dem sie sich unendlich frei und glücklich fühlten.

Diese Aussagen kann ich nur unterstützen Auch ich war teilweise todähnlichen Erfahrungen recht nahe. Dies nicht durch Unfälle oder während Operationen, wie es sonst meistens der Fall ist, sondern zum Beispiel während der bereits erwähnten Erfahrung beim Tod meiner Großmutter, als ich ihr in das Reich der Toten folgte. In Tiefenmeditationen und Trancereisen (mit oder ohne Substanzen) komme ich der Jenseitswelt ebenfalls immer wieder sehr nahe, kann diese spüren, ja fast einatmen. Jeder Jenseitskontakt in der Zwischenwelt ist eine Art von Nahtod-Erfahrung.

Selbst bei einfachen Meditationen nimmt der Praktizierende die Zeit ganz anders wahr. Das erlebe ich in meinen Kursen immer wieder. Wir meditieren mit Seminarteilnehmern, und während der Rückmelderunden erzählen diese, dass sich die sechzig- bis neunzigminütigen Meditationen für sie vielleicht gerade wie fünf oder fünfzehn Minuten angefühlt haben.

Auf Reisen durch raum- und zeitverschobene Dimensionen erlebe ich immer wieder ekstatische Momente des Glückes und der Einheit. Und obwohl ich immer wieder sehr gerne zurückkomme, ist es doch so, dass eine gewisse Wehmut in mir aufsteigt, wenn ich mich meinem Körper nähere. Ich mag meinen Körper, doch die emotionalen Glücksgefühle und die Empfindung der Einheit mit dem Universum auf diesen Reisen sind unbeschreiblich. Manchmal geht es so weit, dass ich den Bezug zu meinem »Ich« fast nicht mehr spüre. Mein Körper löst sich auf, mein »Ich« verwandelt sich in unendlichen Sphären des Universums in einen nicht zu beschreibenden kollektiven Energiefluss, von dem ich nicht sagen könnte, wo er beginnt und wo er endet.

So leicht und fließend die Rückkehr in den Körper auch sein mag, fühlt sie sich immer ein wenig so an wie das Landen eines Flugzeugs. Bei der Landung spürt man das Aufsetzen der Räder, die Schubumkehr, die Anziehungskraft der Erde macht sich wieder bemerkbar. Genauso verhält es sich beim Landen aus zeit- und raumverschobenen Wirklichkeiten.

Die Seele landet im Körper, die Anziehung der Erde wird erfahrbar, auch die Vergänglichkeit der leiblichen Realität. Die Uhr fängt wieder an zu ticken, wir sind unserem irdischen Schicksal unterworfen.

Nach jeder Reise bleibt eine gewisse Melancholie, und sei es auch nur ganz kurz. Ich erinnere mich an die schönen Momente, die Begegnungen und die Leichtigkeit des Seins im Hologramm des Universums.

Umso schöner ist es, wenn die Erde mich wiederhat und ich das Erlebte mit Menschen teilen darf. Gerade dies macht die Reisen in raum- und zeitverschobene Wirklichkeiten so schön: das Wissen, dass man dadurch andere inspirieren kann.

Es ist ratsam, nach Reisen in jene Wirklichkeiten nicht gleich wieder mit der alltäglichen Routine weiterzumachen. Vielleicht hat man die Möglichkeit, ein wenig sitzenzubleiben, einen Tee oder Kaffee zu trinken oder das Erlebte aufzuschreiben. Viele meiner Texte in Zeitschriften und Büchern sind Inspirationen, die ich von meinen verschiedenen Reisen mitgebracht habe, letztlich Tagebücher meiner Reisen in zeit- und raumverschobenen Wirklichkeiten, die ich nun mit meinen Lesern teile.

In meinen Seminaren werde ich gefragt, wie man Reisen zu zeit- und raumverschobenen Wirklichkeiten bewusst wiederholen kann. Viele haben das Gefühl, dass solche Erfahrungen nur bei Seminaren oder Vorträgen möglich sind, nicht aber alleine zu Hause. Wurde der Weg begangen, kennt ihn die Seele. Nicht anders, als wenn jemand mit einem Bergführer einen Berg hochgewandert ist und danach nun dank der Erfahrung alleine Wandertouren unternehmen kann. Natürlich benötigt es ein gesundes Selbstvertrauen und auch genügend Selbstkritik, um zu wissen, wo und wann die Grenzen erreicht sind. Die Intuition weiß, wann diese Grenzen erreicht sind, vor allem bei zeit- und raumverschobenen Reisen. Vergangene Emotionen und Bilder dienen hier als Schlüssel, um die Türen für kommende Reisen zu öffnen.

Nach einer Reise führe ich fast immer eine kurze Reinigung und eine Schutzmeditation für meine Aura durch. Dies ist vergleichbar mit einer Dusche nach einer Wanderung oder einem Training. Es können Fremdenergien oder Astralfrequenzen an der Aura oder in den Chakras hängenbleiben. Diese Energien müssen nicht negativ oder schädlich sein, trotzdem ist es nicht nötig, dass man sie mit sich trägt. Auch kommt es vor, dass ich in der Aura anderer Personen solche Fremdenergie sehe. Selbst nach Meditationen kann es vorkommen, dass etwas hängenbleibt, auch wenn der oder die Praktizierende das Gefühl hat, da sei nichts. Als Außenstehender hingegen kann ich das wahrnehmen, und wenn ich so etwas sehe, dann teile ich es auch mit.

In vielen Fällen nehmen sich intuitiv Reisende nicht genügend Zeit, das Erlebte bewusst zu verstehen. Dabei ist dieser Schritt ebenso wichtig wie die Reise selbst. Beim Träumen ist es übrigens genauso. Am Morgen nach dem Aufwachen sind die Träume sehr präsent. Doch dann klingelt der Wecker, die Augen werden geöffnet, man rennt auf die Toilette, macht sich einen Kaffee. Beim Kaffeetrinken versucht man, den Traum ins Bewusstsein zurückzuholen und muss enttäuscht feststellen, dass er fast nicht mehr greifbar ist. Nach dem Träumen und dem Aufwachen ist bewusstes »Landen« (Aufwachen) ebenso wichtig wie bei Astralreisen. Ich benutze übrigens zum Aufwachen eine schöne Meditationsmusik. Zum richtigen Zeitpunkt klingelt mein Wecker, die Musik ertönt und ich werde wach. Ich öffne nicht gleich meine Augen, sondern tauche in eine Meditation ein, und wie nach Astralreisen versuche ich, mir bewusst die Erinnerungsbilder der Träume in mein Bewusstsein zurückzuholen.

Ich tauche erneut in den Traum ein und rufe die Bilder noch mal in mein Bewusstsein. Habe ich den Traum wieder präsent, interpretiere ich ihn mithilfe meiner Seelensprache. Ist mir eine Symbolik oder ein Bild unbekannt, frage ich mein höheres Selbst und bitte um Interpretation.

Schließlich höre ich das Musikstück zu Ende und öffne dann die Augen. Je nach Bedeutung und Wichtigkeit des Traumes spreche ich diesen in mein Handy und nehme auch die Interpretation mit auf.

Für mich sind Reisen zu anderen Wirklichkeiten genauso real und wichtig wie Abläufe im Alltag. Es ist für mich keine Zeitverschwendung, viel zu schlafen, dabei zu träumen oder beim Meditieren ferne Welten zu besuchen. Ausschlaggebend ist das bewusste Integrieren des Erlernten in den Alltag und das Verbinden der Dimensionen im Hologramm des Universums.

Erst wenn wir uns bewusst werden, dass es kein »hier« und »dort« gibt, sondern alles Teil derselben Realität ist, können wir ganzheitlich und integriert im Hologramm des Universums leben.

Sich mittels der Seelensprache verständigen

Auch wenn viele Menschen bereits mit mehr als zwei Sprachen Mühe haben, so ist das Sprechen doch der Beginn der eigentlichen Kommunikation. Selbst die Telepathie, die für viele Hokuspokus ist, gehört zu den einfacheren Stufen der Kommunikationen im Universum. Die Sprache des Universums einzusetzen bedeutet, sämtliche Sinne im physischen und feinstofflichen Körper einzusetzen. Die Seelensprache kommuniziert aus der kreativen Intelligenz unseres Seelenkörpers. Während wir mit dem leiblichen Körper auf die Stimme oder die Zeichensprache beschränkt sind, ist uns über die Sprache der Seele eine fast uneingeschränkte Vielfältigkeit gegeben. Telepathie von Mensch zu Mensch ist ein klassisches Beispiel der Seelensprache. Etwas schwieriger wird es mit der Seelensprache zwischen Mensch und Tier oder Mensch und Pflanzen und Mineralien. Während zwischen Mensch und Mensch neben der Telepathie auch über die Augen und die direkte Körpersprache Bedeutung erschließbar ist, ist dies bei Tieren schwierig, und bei Pflanzen oder Mineralien noch weit mehr.

Schamanen, Magier, Medizinmänner und Mystiker lernen

die Intuition so zu verstärken, dass es möglich wird, die Seelensprache auch auf Tiere, Pflanzen und Steine auszuweiten.

Die Kommunikation mit der Seelensprache ist in zeit- und raumverschobenen Wirklichkeiten um einiges einfacher als auf der Erde. Damit zwei Menschen sich uneingeschränkt so verständigen können, müssen sie sehr weit fortgeschritten sein.

Etwas einfacher wird es zwischen Mensch und Wesen aus anderen Welten, da Letztere in ihrer Entwicklung viel weiter als wir sind und helfen können. Sie erkennen unsere Blockaden und Schwierigkeiten bei dieser Art der Kommunikation.

Bewegt man sich in einer zeit- und raumverschobenen Wirklichkeit, ist man vom rationalen Alltagsbewusstsein so weit entfernt, dass die Wahrnehmung und das Verstehen der Seelensprache bereits um ein Vielfaches einfacher ist. Es macht einen Unterschied, ob man mit einem Lichtwesen kommuniziert, während man sich noch im leiblichen Körper befindet und channelt, oder ob man auf einer Astralreise ist und vom Körper und dessen Wahrnehmungen völlig losgelöst ist.

Es gibt keine einheitliche Übersetzung für die Seelensprache. Jede Kultur, jeder Mensch hat eine eigene Symbolik und emotionale Empfindung, welche die Seelensprache übersetzen lässt.

In zeit- und raumverschobenen Realitäten manifestiert sich die Seelensprache nicht nur anhand von inneren Bildern und Visionen, sie kann auch außerhalb des eigenen Wesens wahrgenommen werden. Zum Beispiel kann es vorkommen, dass auf einer Astralreise eine Begegnung mit einer Wesenheit stattfindet und diese über Farben kommuniziert. Obwohl die Farben visuell aus dem Empfinden der eigenen Augen wahrgenommen werden, befindet sich das höhere Bewusstsein außerhalb des Körpers in der Schwingung der Farben und ihren spezifischen Aussagen, spürt und übersetzt diese in der externen Farbenwolke und nicht innerhalb des eigenen Seins. Es ist so, als ob das eigene Bewusstsein eine kleine Sonde oder Drohne in dieses Energiefarbfeld sendet und aus ihr heraus kommuniziert und nicht aus dem Mutterschiff, sprich dem eigenen Körper. Durch diese Metapher lässt sich erklären, warum unser höheres Selbst in einem zeit- und raumverschobenen Wahrnehmungsbewusstsein die Möglichkeit hat, nicht nur mit Wesenheiten oder Energieformen aus der Gegenwart zu kommunizieren, sondern auch mit solchen aus Vergangenheit und Zukunft.

Bei Begegnungen mit dem Jenseits und den sich dort befindlichen Seelen verstorbener Menschen kommuniziert die Seelensprache sowohl in die Vergangenheit hinein als auch in die andere Dimension.

Wie bereits erwähnt, ist die Kommunikation der Seelensprache sehr individuell. So lässt sich erklären, warum eine Hintergrundinformation von verschiedenen Menschen oder Wesen ganz unterschiedlich übersetzt werden kann. So kommt es vor, dass drei verschiedene Menschen dieselbe Information ganz unterschiedlich »übersetzen«, etwa durch emotionale Empfindungen, Farben oder körperlich. Auch müssen die gleichen Farben nicht immer dieselbe Bedeutung haben.

Nicht die Farbe wird gesehen, sondern deren Energie, und als Farbe übersetzt. Ausschlaggebend ist, dass die Interpretation der Nachricht identisch ist. Ist eine Antwort ein »Nein«, kann es sein, dass dieses »Nein« in der Seelensprache von drei Personen unterschiedlich wahrgenommen wird (Bilder, Farben, Symbole, Emotionen), die Bedeutung als »Nein« aber bleibt.

So abstrakt und schwierig das zunächst anmutet, ist es doch so, dass die Dinge einfacher werden, wenn die Grundregeln einmal verstanden wurden. So ist es für mich immer wieder faszinierend zu sehen, wie schnell Teilnehmer meiner Seminare die Grundregeln der Seelensprache erlernen und diese einsetzen können. Bereits nach einem halben Seminartag ist es normalerweise einem Großteil der Seminarteilnehmer möglich, zumindest teilweise mit der Seelensprache zu kommunizieren, sei es, um sich verständlich zu machen, oder um gesendete Nachrichten zu empfangen.

Eine uns sehr vertraute Form der Seelensprache sind Träume. Auch wenn wir uns nicht jede Nacht an sie erinnern, so ist es wissenschaftlich erwiesen, dass wir fast jede Nacht träumen. In Träumen kommuniziert unser höheres Selbst die Seelensprache in Bildern, um Informationen an unser Bewusstsein weiterzugeben. Träume können eine Verarbeitung des Alltags sein. Andere sind prophetischer Natur, um zukünftige Ereignisse anzudeuten. Auch Geistführer und Schutzengel setzen Träume ein, um ihre Informationen an uns weiterzugeben, weil wir während des Schlafens nicht so abgelenkt sind wie im Alltag und unsere Ratio nicht abwehrend in die Quere kommt.

Der Seelensprache zu vertrauen ist ausschlaggebend, um sich in zeit- und raumverschobenen Wirklichkeiten frei bewegen zu können. Sie erlaubt uns, unsere fünf Sinne zu überschreiten, uns der Ganzheit des Universums und seinem Reichtum zu öffnen. Mit ihr überwinden wir unser Abgetrenntsein und müssen uns nie mehr alleine fühlen.

Visionen in den Alltag integrieren

Visionen sind Informationen aus zeit- und raumverschobenen Wirklichkeiten, die bewusst und effizient in das Leben integriert werden können, wenn man weiß wie.

Für viele ist es schwierig, diesen Schritt zu wagen, weil sie nicht wissen, wie es geht. Nur wenige ahnen, dass sie sich gegenseitig inspirieren und immer ineinanderfließen. Keine Wirklichkeit existiert von den anderen getrennt. So mag der Begriff eines Hologramms des Universums sich zunächst verwirrend anfühlen und wenig greifbar sein. In Wirklichkeit ist es eine einzige Realität. Hoffnungen, Erwartungen und Visionen können in der einen Realität geäußert werden und in einer anderen Antworten finden. Aber auch von hier erhalten Wesenheiten anderer Welten Inspiration. Die Grenzen liegen allein im eigenen Zutrauen!

Visionen sind Gedanken aus dem Unterbewusstsein, weitergetragen vom höheren Selbst. Es sind intuitive Inspirationen, Anregungen oder Anleitungen, vergleichbar mit einem feinstofflichen Handbuch. Besonders zu Beginn ist es oft schwer, Visionen aus zeit- und raumverschobenen Wirklichkeiten zu vertrauen, vor allem aus Mangel an Erfahrung. In der Tat kann das bewusste Einsetzen von Visionen im Alltag kompliziert sein. Manchmal ist das Zeitfenster in der physischen Realität noch nicht gegeben, um die Vision umzusetzen, oder die richtigen Personen befinden sich noch nicht im Umfeld und können somit die Umsetzung nicht unterstützen. Eine Vision, egal ob in einem Traum oder während einer Reise erhalten, muss nicht immer gleich nach Erhalt umgesetzt werden. Das passiert speziell bei Prophezeiungen immer wieder. Ich habe Visionen, Prophezeiungen die Zukunft betreffend. Diese schreibe ich mir auf und veröffentliche sie in den meisten Fällen. Einige der Prophezeiungen treten innerhalb von 24 Stunden ein, andere erst nach mehreren Monaten oder Jahren, und wieder andere sind noch überhaupt nicht eingetreten. In zeit- und raumverschobenen Wirklichkeiten herrscht, falls überhaupt, ein ganz anderes Zeitverständnis als bei uns. Wir sind ungeduldig und erwarten, dass alles, was wir sehen oder fühlen, sofort Gestalt annehmen muss. Ich möchte an diesem Punkt an Nostradamus erinnern. Viele seiner Visionen sind erst nach Jahrzehnten oder Jahrhunderten eingetroffen. Andere lassen noch immer auf sich warten. Oder das Genie Leonardo da Vinci: Er zeichnete Skizzen von Fortbewegungsmitteln, die erst Jahrhunderte später realisiert wurden.

Visionen gibt man weiter, aber man ist nicht ihr Urheber. Das Universum vertraut bestimmten Menschen Informationen in Form von Visionen an und erwartet, dass diese Visionen geteilt werden. Es ist oft frustrierend und manchmal sogar traurig, wenn man sieht, dass Visionen oder hilfreiche Anleitungen aus der geistigen Welt in der breiten Öffentlichkeit auf taube Ohren stoßen. Während die breite Masse fast kritiklos alle möglichen Presseinformationen aufnimmt, hinterfragt und kritisiert sie Visionen, die sich für die Menschheit als hilfreich erweisen könnten.

Eine gesunde Portion Fantasie ist hilfreich, wenn es darum geht, Visionen in den Alltag einzubetten. Im Gegensatz zur Vision ist die Fantasie bereits eine irgendwie logische Ableitung, die aus dem individuellen Geist (Gehirn) eines Individuums resultiert. Trotzdem beinhaltet die Fantasie noch sehr viel Freiheit und Flexibilität. Sie kombiniert Erfahrungswissen mit spontaner Emotion, um etwas umzusetzen. Bei Kindern kann man Fantasie und Intuition oft schwer auseinanderhalten. Kinder haben häufig unsichtbare Freunde, die eine Mischung aus Gesehenem, Gehörtem oder Gelesenem darstellen.

Später, wenn das Kind älter wird, sollte es im Idealfall den Unterschied zwischen rein intuitivem und rationalem Wissen unterscheiden lernen. Für mich war es zu Beginn schwierig zu wissen, ob eine Empfindung oder Wahrnehmung bloß Fantasie oder Vision war. Visionen bestätigten sich beim Nachforschen und erwiesen sich tatsächlich als real. Als Beispiel möchte ich hier meine Erfahrungen mit Lichtwesen verstorbener Soldaten teilen. Bei meinen Reisen kam ich an Orte, an denen plötzlich Bilder von kämpfenden Soldaten in mir aufstiegen. Ich beobachtete alles zunächst ganz unvoreingenommen und ohne es zu hinterfragen. Später hörte ich mich in der Umgebung um, sprach mit Einheimischen, ob an bestimmten Orten tatsächlich Schlachten stattgefunden hatten. Nachdem ich in achtzig Prozent der Fälle richtig lag, wusste ich, dass die Bilder real waren. So lernte ich durch das Abgleichen mit anderen Informationen allmählich, meinen Visionen zu vertrauen.

Dennoch habe ich mit »medialen« Menschen Mühe, die alles Mögliche an sogenannten geistigen Visionen erhalten, aber nichts davon nachprüfbar ist.

Solche Leute geben an, Tausende von Leben in der Vergangenheit zu sehen oder was in den nächsten hundert bis fünfhundert Jahren eintreten könnte. Fragt man sie aber nach Bildern aus der Gegenwart oder der jüngeren Vergangenheit, so kommt nichts. Deshalb empfiehlt sich am Anfang immer der Abgleich mit Informationen, die nachprüfbar sind.

In meinen Sitzungen fange ich bei Neukunden normalerweise an, die Gesundheit zu lesen oder auf Situationen einzugehen, die im Moment aktuell sind. Die Menschen kennen ihren gesundheitlichen Zustand und ihre aktuelle Lebenssituation. Meine Aussagen diesbezüglich sind also unmittelbar nachvollziehbar und geben Kunden das Vertrauen, dass ich sie oder ihn tatsächlich lese und mir nicht nur irgendetwas Fantasievolles zusammenreime.

Nicht anders verhalte ich mich mit Lichtwesen in zeit- und raumverschobenen Begegnungen. Erhalte ich eine Nachricht, nehme ich diese nicht kritiklos an, sondern beobachte ihre Qualität beim bewussten Umsetzen in meinem Alltag oder bei der Weitergabe. Anders verhält es sich bei Wesen, die ich schon längere Zeit kenne. Ich habe einige Geistführer, mit denen ich schon über zwanzig Jahre arbeite, ich kenne ihre Eigenart und weiß, wie vertrauenswürdig sie sind. Geistwesen, von denen ich weiß, dass ihre Informationen nicht handfest sind, weise ich ab.

In vielen spirituellen Kreisen werden Informationen aus der sogenannten geistigen Welt ehrfürchtig und völlig kritiklos angenommen. Das ist leichtsinnig und kann je nach Information gefährlich sein. Misstrauisch sollte man sein, wenn eine mediale Person nur schöne und positive Informationen weitergibt. Leider gibt es viele mediale »Gutmenschen«, für die alles Liebe und Licht ist und für die die Welt nur aus positiven Gedanken und schönen Momenten besteht.

Meine Vorhersagen, egal ob für Einzelpersonen oder für Gruppen, beinhalten alle möglichen Emotionen und Inhalte. Manchmal bekommt der Kunde Informationen, die er oder sie nicht hören möchte. Die Erwartungen wurden nicht erfüllt. Ich sage meinen Kunden immer, dass sie von mir nicht das zu hören bekommen, was sie wollen, sondern was ich empfange. Ob dies ihren Erwartungen oder Hoffnungen entspricht, ist für mich nicht von Belang. Ich bin nur Übermittler der Botschaft und nicht Urheber des Inhalts.

Visionen sind immer ein Geschenk des Universums an uns Menschen, um ein breiteres Spektrum der Wirklichkeit zu sehen.

Zum Glück öffnen sich immer mehr Menschen für intuitive Wahrnehmungen und Visionen aus anderen Wirklichkeiten und geben sich nicht mit einer eindimensionalen Weltsicht zufrieden.

Das Hologramm im Alltag

Ein ganzheitliches Bewusstsein lässt das Leben zu einem magischen Abenteuer werden. Dies bedeutet nicht, dass das Leben frei sein wird von schwierigen Momenten, Krankheit oder Tod, Trennung und Schmerz oder Enttäuschungen und Verlusten. Was sich ändert, ist die Wahrnehmung der unterschiedlichen Situationen und der Umgang mit ihnen. Schwierige Momente und Herausforderungen müssen keine Resignation mehr bedeuten. Emotional und mental mag eine schwierige Situation noch immer Trauer und Enttäuschung hervorrufen. Intuitiv aber kann man erkennen, weshalb eine Situation eingetreten ist und wie damit umzugehen ist.

In allen Situationen stehen die Türen zur geistigen Welt offen. Der Mensch wird zu einem Magier, hat die Möglichkeit, aus jedem Moment fast unendliche Energie zu schöpfen und sie in das Leben zu integrieren. Nicht immer geht es darum, Situationen zu verändern. Oft geht es auch einfach nur darum, die Situation so zu nehmen, wie sie ist, und über Bewusstsein und Tun die eigene Ausrichtung und Einstellung so zu justieren, dass es insgesamt richtig und schlüssig ist.

Für mich ist der Alltag ein bewusstes Leben im Hologramm des Universums. Sehe ich Menschen, nehme ich automatisch deren Aura wahr. Ich sehe ihre Chakras und bei genauerem Hinsehen Bilder aus ihrem Leben. Spaziere ich durch ein Museum oder eine Straße in einer Stadt, so sehe ich Geistwesen aus vergangenen Zeiten, Magnetfelder unterhalb der Oberfläche und manchmal auch unterirdische Wasservorkommen. Lese ich in einer Zeitung einen Artikel, tauchen automatisch Bilder zur Vergangenheit oder Zukunft des Beschriebenen auf. Nachts beim Schlafen träume ich fast jede Nacht und besuche zeit- und raumverschobene Wirklichkeiten. In meinen Meditationen unternehme ich Astralreisen und erhalte Informationen. Ich möchte behaupten, dass ungefähr sechzig Prozent meines Alltagsbewusstseins in Kontakt mit dem Hologramm stehen und vierzig Prozent der leiblichen Realität verbunden sind. Beim Schreiben dieses Buches zum Beispiel sitze ich auf meinem Stuhl und schreibe. Ich sehe Bilder, höre Stimmen oder meditiere und lasse mich von neuen Eindrücken inspirieren, um diese zu Papier zu bringen. So vollzieht sich das Schreiben dieses Buches ständig in bewusstem Kontakt mit zeit- und raumverschobenen Wirklichkeiten.

Manchmal ist es schwer zu unterscheiden, was der irdischen Realität und was einer anderen Welt angehört. So kann es vorkommen, dass ich Wesenheiten sehe, die für mich so real wirken, als seien sie lebendige Menschen. Erst bei genauem Hinblicken erkenne ich, dass dies keine Menschen aus der heutigen Zeit sind. Manchmal fließen diese verschiedenen Wirklichkeiten so übereinander, dass ich an einem Ort sitze, Menschen beobachte und gleichzeitig Wesen aus verschiedenen Zeitfenstern und Dimensionen aneinander vorbeigehen sehe. Einmal zum Beispiel saß ich in Madrid Kaffee trinkend am Platz der Puerta del Sol. Touristen in kurzen Hosen und mit Kameras behängt spazierten über den Platz. Vor und neben ihnen wandelten Wesenheiten in alten Trachten aus ganz unterschiedlichen Zeitepochen.

Interessant wird es, wenn ich mit Menschen spreche, die mir etwas erzählen, während ihre Aura (ihr höheres Selbst) etwas ganz anderes signalisiert. Zum Beispiel, wenn die Person mich anlügt, das höhere Selbst aber zur Wahrheit stehen will. In diesem Fall widersprechen sich Mensch und höheres Selbst. In Gesprächen setze ich diese Technik auch bewusst ein. Gehen wir davon aus, dass ich mich mit einer Person über ein mögliches Projekt unterhalte. Während ich mit der Person in der Gegenwart ein normales Gespräch führe, unterhalte ich mich zeitgleich mit ihrem höheren Selbst. Mit diesem spreche ich darüber, wie sich das Projekt entwickeln wird. Ich kann so rechtzeitig erkennen, in welche Richtung das Gespräch geht, worauf ich achten sollte und was vorzuschlagen keinen Sinn macht.

Eine andere Möglichkeit für eine Kommunikation im Hologramm ist, dass ich bereits vor einem Gespräch mein höheres Selbst in Verbindung mit der anderen Person bringe und mich bewusst mit dieser unterhalte. Ich sehe, wo die Person, der ich begegnen werde, steht und was ich von ihr erwarten kann. Auf diese Weise kann ich mich in meinen Vorbereitungen neu ausrichten oder auf bestimmte Themen besser konzentrieren.

Besuche ich für Vorträge oder Seminare neue Orte, mache ich Tage vor der Präsentation eine Astralreise und besuche den Ort, um mich damit vertraut zu machen.

Beginne ich ein neues Projekt oder lasse mich auf neue geschäftliche Partnerschaften ein, begebe ich mich ins Hologramm, um zu erkennen, wie die Perspektiven für das Projekt oder die Partnerschaft liegen. Ich habe die Möglichkeit,

Ausgänge bereits im Vorfeld zu erkennen und zu sehen, ob sich der Einsatz und die Mühe lohnen.

Bin ich müde und fühle mich ausgelaugt, kann ich für eine Weile in eine zeit- und raumverschobene Wirklichkeit eintauchen, um meine Seele und meinen Körper zu entspannen. So kann ich mich zum Beispiel während einer Seminarpause zurückziehen, um meine Seele mit frischer Energie aufzutanken und mich neu inspirieren zu lassen.

Leben im Hologramm bedeutet, sich der Vielseitigkeit und Tiefe der Seele bewusst zu werden. Selbsterkenntnis kann Zweifel und Unsicherheiten auslösen. Grenzen werden durchbrochen mittels Erfahrungen des höheren Selbst in zeit- und raumverschobenen Wirklichkeiten. Ein bewusstes Integrieren des Hologramms im Alltag lässt den Beruf zur Berufung werden und den Sinn des Lebens hervortreten.

Wie Prophezeiungen mein Leben veränderten

Die Kunst der Hellseherei hat mein Leben nachhaltig verändert. Ich hätte mir nie träumen lassen, welch einschneidende Erlebnisse mir dadurch zuteil wurden.

Der intuitiv mediale Künstler hat die freie Wahl, was seine Werkzeuge und Techniken angeht. Ich selbst habe das I Ging probiert, Runen, ein wenig Astrologie, den Maya-Kalender, Tarotkarten und das Auralesen. Meine Wahl fiel schließlich auf Aura und Tarotkarten.

Die Begabung oder Berufung geschieht immer auf freiwilliger Basis, alleine oder mit anderen zusammen, die Möglichkeiten sind fast endlos.

Viele meiner Berufskollegen sehen sich aufopfernd einer höheren Mission folgend dem Göttlichen verpflichtet. Mitleidig schauen sie in die Welt und erzählen von den Schwierigkeiten, mit denen sie bei ihrer Mission zu tun haben.

Meines Erachtens ist dies Blödsinn und zeugt von fehlendem Grundwissen, was den Umgang mit dieser Begabung betrifft. Kein Gott, kein Engel und kein Dämon erwarten selbstlose Hingabe. Höchste Priorität des Universums ist die Fortpflanzung und Verbesserung der Spezies. Ich habe beobachtet, dass das Universum oder das Göttliche nur dann zur ultimativen Waffe der Zerstörung greift, wenn das bestehende Gleichgewicht gefährdet ist. Das ist durchaus möglich und könnte uns Menschen dezimieren, bevor wir den Planeten in den Abgrund reißen.

Während meiner ersten Indienreise lernte ich zwei oder drei Heiltechniken, mit denen ich dort Mitte der Neunzigerjahre und danach auch in Bolivien erfolgreich arbeitete. Doch ich spürte relativ bald, dass das Heilen nicht mein Weg war. Den Ausschlag dazu gab ein Erlebnis während einer Behandlung in Bolivien. Ich hatte an diesem Tag mehrere Konsultationen.

Den einen Patienten hatte ich gerade verabschiedet, da kam eine nervös wirkende Dame auf mich zu und bat mich, ihr Kind zu heilen. Ich drehte mich seitlich zum Kinderwagen, um zu sehen, wie es um das Kind stand. Ich war berührt, als ich sah, dass das Kind unter dem Down-Syndrom litt. Als ich der Mutter erklären musste, dass ich hier nicht helfen könne, fing sie an zu weinen. Ich umarmte sie, bis sie sich wieder beruhigte, und erklärte ihr, dass ihr Kind definitiv nicht im Bereich meiner Heilmöglichkeiten läge. Zu sehen, wie sie sich über den Kinderwagen beugte und mit hängenden Schultern den Warteraum verließ, war traurig. Für mich war dies das letzte Mal, dass ich mich mit dem Thema Heilen von Krankheiten auseinandersetzte. Ich respektiere Menschen, die das machen, und ich kenne viele gute Heiler. Für mich jedoch ist das nichts.

Durch das Auralesen wurden meine Analysen mit der Zeit feiner und unabhängiger, und dann stieß ich auf den Komplex der Prophezeiung, und das sollte mein Leben ändern.

Dadurch, dass Prophezeiungen nicht nur mit dem Schicksal von Einzelpersonen zu tun haben, sondern ganze Gesellschaften betreffen und in einem viel breiteren Kontext stehen, lernte ich sehr viel über gesellschaftliche Entwicklungen, Hintergründe, Ursachen kollektiver Verhaltensmuster und zukünftige Entwicklungen.

Ich erkenne Zusammenhänge, die aus den Tageszeitungen nicht ersichtlich sind. Oft werden meine Vorhersagen später von Soziologen, Journalisten, Politologen oder anderen Spezialisten bestätigt.

Für viele sind Prophezeiungen oder Visionen weniger ausschlaggebend als Analysen von Journalisten oder Politologen. Trotzdem zeigt sich oft, dass Erstere nicht weniger wahr sind.

Während eines Interviews für einen Internet-TV-Sender fragte mich der Moderator, warum ich meine Analysen nicht so verpacke, dass sie weniger auf Prophezeiungen zurückschließen lassen und vielmehr auf »seriöse« politische Analysen. Meine Antwort lautete, dass ich zu meinen Quellen stehe und dass es mir auch darum geht, dass die Menschen erkennen, wie sich die Kraft der Intuition einsetzen lässt.

Anhand der Intensität von Prophezeiungen sehe ich, wie weit diese bereits fortgeschritten sind, und wie sehr sie sich noch verändern könnten. Die Intensität zeigt sich mir anhand von Farben, Symbolen, Bildern, Emotionen oder sogar Gerüchen. Erfahrungsgemäß treten ungefähr siebzig Prozent meiner Prophezeiungen so oder sehr ähnlich ein, wie ich sie empfangen habe. Zu hundert Prozent treffsicher sind sie natürlich nicht, das kann nicht sein. Auf meinen sozialen Netzwerken und meiner Webseite veröffentliche ich immer wieder Vorhersagen. Dort lässt sich nachverfolgen, was ich gesagt habe und ob es eingetroffen ist.

Ich bin ein Mensch und mache Fehler. Skeptiker der Kunst der Hellseherei hängen sich natürlich sofort an meinen Fehlinterpretationen auf; für sie sind sie die Bestätigung dafür, dass Prophezeiungen nicht funktionieren.

Bei vielen Kritiken, die ich online zu meinen Vorhersagen lese, muss ich feststellen, dass ein Großteil der Verfasser Aussagen aus dem Zusammenhang gerissen haben. Wieder andere Aussagen lassen erkennen, dass sie sich gar nicht die Mühe machen, meine Vorhersagen seriös zu analysieren, sondern sie vorschnell verurteilen.

Das Interessante am Arbeiten mit Prophezeiungen ist, dass sie sich frei ereignen. Egal, wo ich bin, und egal mit wem, Prophezeiungen kann ich über jeden beliebigen Platz der Erde herstellen, ohne jemals physisch vor Ort gewesen zu sein.

Prophezeiungen lassen mich die Welt bereisen, ohne meine Wohnung verlassen zu müssen. Sie lassen mich fremde Emotionen, exotische Kulturen erleben, unterschiedlichste Mentalitäten erfühlen und mein Wissen über Kulturen erweitern, von denen ich zuvor nicht einmal wusste, dass sie existieren.

Vor ungefähr zwei Jahren wurde ich zu meinen Prophezeiungen für Europa befragt. Ich nutzte dazu die Metapher der Titanic: Europa lässt sich mit dem Riesendampfer vergleichen. Dieser fährt über das große Meer von Raum und Zeit. Auf diesem großen Dampfer befinden sich die Passagiere und hoffen auf eine gute Überfahrt.

Durch meine seherische Tätigkeit habe ich, wie schon erwähnt, die Möglichkeit, mit Menschen zusammenzukommen, die sich in Kreisen bewegen, die für die meisten nicht zugänglich sind. In der Metapher des Dampfers wären dies vermutlich die Kapitänsbrücke und die erste Klasse. Ich spreche mit Passagieren und der Besatzung, die genau weiß, in welcher Situation sich der Dampfer befindet. Ich berate und höre zu. Gleichzeitig bin ich aber durch meine Arbeit auch mit Passagieren der zweiten und dritten Klasse in Verbindung. Während viele Passagiere der unteren Klassen bewusst im Ungewissen darüber gelassen werden, was wirklich passiert und wie es um den Dampfer steht, wissen nur sehr wenige Bescheid, wie sich die Dinge entwickeln werden. Veröffentliche ich meine Vorhersagen unter den Menschen in der zweiten und dritten Klasse, stoßen diese oft auf Skepsis, werden zurückgewiesen und mit der Idee, dass wir das Schicksal selbst in die Hand nehmen können, als unglaubwürdig abgetan. In der ersten Klasse hingegen ist die Akzeptanz oft größer. Spreche ich hier von der Gefahr eines Eisberges, stoße ich nicht auf taube Ohren.

Um wieder auf meine Vorhersagen für Europa zurückzukommen, veröffentlichte ich in Bezug auf die Metapher mit der Titanic meine Vorhersagen über den Aufprall gegen den Eisberg, kurz bevor dies tatsächlich auch passierte. Unterdessen hat das Schiff Europa bereits Schieflage, in den oberen Etagen des Riesendampfers herrscht Hektik, und Vorbereitungen werden getroffen. In den unteren Decks setzt man auf das Prinzip Hoffnung und verspricht sich mit falschen Heilsvorstellungen doch noch einen guten Ausgang. Man stelle sich vor, was aus jenen Passagieren in der richtigen Titanic geworden wäre, wenn diese sich meditierend in den Kabinen eingeschlossen hätten, darauf wartend, dass sie durch ihre positiven Gedanken gerettet werden würden. In solchen Momenten überlebt nicht, wer mit einer schönen Affirmation versucht, das Universum zu beeinflussen. Nur der starke, intelligente und intuitiv Trickreiche wird den Weg zu den Rettungsbooten finden und am Ende überleben.

Nicht wenige Menschen warfen mir vor, dass ich mit meinen Vorhersagen mitverantwortlich sei, ihre Manifestation heraufbeschworen zu haben. Dies wäre so, als ob man den Wetterfrosch im Fernsehen für das Aufziehen einer Schlechtwetterfront verantwortlich macht. Gleichzeitig zeigt es auch, dass viele Menschen mit Vorhersagen nicht umgehen können, zumal wenn diese nicht nur schön und positiv sind.

Mehr als nur einmal überlegte ich mir, ob ich mit dem Veröffentlichen der Prophezeiung überhaupt weitermachen soll. Neben den vielen negativen Rückmeldungen erhielt ich aber auch sehr viele positive E-Mails und Kommentare in den sozialen Medien. Dadurch erkannte ich, dass meine Vorhersagen trotz aller Schwierigkeiten den Menschen doch auch helfen können, sich besser auf die Zukunft vorzubereiten.

Richtig und Falsch, gibt es das?

Richtig und Falsch haben ihre Berechtigung, verlieren aber an Relevanz, sobald es um Tiere oder Pflanzen geht. Dort herrschen andere Gesetze, und das akzeptieren wir im Allgemeinen auch.

Nur wenige Tierhalter kämen auf die Idee, Katzen in einen Käfig zu stecken, weil diese Spinnen oder Mäuse fressen. Tiere und Pflanzen lieben sich, kuscheln sich aneinander, erwürgen sich, zerfleischen sich, gebären und töten.

Nicht anders verhält es sich im Hologramm des Universums. Ein Lichtwesen unterscheidet genauso wenig zwischen Richtig und Falsch wie ein Berggorilla, eine Hauskatze oder eine Kobra.

Die einzigen Grenzen, die es hinter Raum und Zeit gibt, sind jene, die sich der Reisende setzt. Religiöse und philosophische Abgrenzungen, wie wir sie hier kennen, haben dort keine Relevanz.

Wer unvoreingenommen in andere Sphären reist, erlebt »dort drüben« eine Freiheit, die auf der Erde nicht erlebbar ist. Der Grund, warum man sich dort so frei fühlt, ist nicht die uneingeschränkte Bewegungsfreiheit, sondern die uneingeschränkte geistige Freiheit.

Begibt sich ein Suchender mit der Vorstellung auf Reisen, dass »dort drüben« alles gut, Licht und Liebe sei, so wird er dieser Wirklichkeit auch begegnen. Das bedeutet aber nicht, dass nur diese Wirklichkeit ihre Berechtigung hat. Lichtwesen, die sich Reisenden als schöne und gute Wesen zeigen, können sich ohne Weiteres anderen als zerstörerische Kräfte präsentieren.

Mich den Kulturen, die ich bereiste, anzupassen, Sprachen zu lernen, Kirchen, Tempel, Synagogen oder Moscheen zu besuchen, mit Menschen verschiedener Hautfarben zu sprechen, das waren immer die Momente, in denen ich am meisten gelernt habe. Wer eine Reise tut, dessen Rucksack sollte so leicht wie möglich sein. Das gilt auch im übertragenen Sinn!

Finde und lebe dein Talent: die Siebzig-Prozent-Lösung

Wir werden mit einem Talent geboren, Begabungen, die uns von Gott mitgegeben wurden. Jedes Tier, jede Pflanze, ja sogar jedes Mineral hat seine bestimmte Aufgabe. Nichts und niemand wird einfach so zufälligerweise geboren. Jedes noch so kleine Insekt, genauso wie das größte Säugetier der Welt, der Blauwal, hat einen Grund zu existieren. Wird eine Pflanzen- oder Tierart ausgelöscht, beeinflusst dies automatisch die anderen Lebewesen im selben Zyklus.

Meines Erachtens ist der Hauptgrund unserer Existenz, dass wir unsere Talente finden und lernen, diese zu leben. Während es für Tiere und Pflanzen ein Einfaches ist, sich ihrer Lebensaufgabe zu widmen, fällt es uns Menschen durch unseren freien Willen oft schwer. Wir suchen manchmal über Jahrzehnte hinweg einen Lebenssinn, und nicht wenige sterben, ohne diesen gefunden zu haben. Findet ein Suchender seine Talente, wird Beruf zur Berufung! Die Talente zu finden, bedeutet, mit der eigenen Intuition in Verbindung zu stehen, zu spüren, welche Veranlagungen mit der Geburt mitgegeben wurden. Ich sehe in werdenden Eltern manchmal schon Monate vor der Befruchtung die Seele eines zukünftig inkarnierenden Kindes. Es kommt vor, dass Männer oder Frauen bei mir in Sitzungen sind und ich plötzlich hinter ihrer Aura die Seele eines zukünftigen Kindes sehe. Anhand der Aurafarben kann ich erkennen, welches Talent das Kind haben wird und wie die Eltern dem Kind am besten helfen können, diese Talente auszuleben.

Begabte Kinder sind von klein auf stark mit ihrer Intuition und somit auch mit ihren Talenten verbunden. Es wäre gut, wenn Eltern auf die Grundinteressen der Kinder hörten und diese darin unterstützten, denn das Kind spürt in vielen Fällen sein Talent und fühlt sich automatisch dazu hingezogen. Dies bedeutet nicht, dass die Eltern dem Kind kritiklos alles erlauben müssen. Hier ist sensibles Abschätzen und Abwägen von Seiten der Eltern gefragt.

Rückblickend erkenne ich, dass viele meiner frühen Interessen heute Teil meiner Berufung sind. Zum Beispiel spielte ich schon als Kind sehr gerne mit Playmobil und Legosteinen und setzte Schiffe zusammen, um diese auf Weltreisen zu senden, oder stellte mit meinen Legomännchen römische Legionen nach, die gegen die Gallier kämpften. Heute berate ich Politiker und analysiere politische Unruhen und Konflikte.

Obwohl ich Legastheniker bin, schrieb ich in der Grundschule Geschichten, die mit Comics ergänzt waren. Diese waren teilweise so lang, dass meine Grundschullehrerin immer Kürzungen anmahnte. Heute schreibe ich Bücher sowie Konzepte für Videofilme und Dokumentarberichte. Je länger ich über meine Kindheit und meine damaligen Interessen nachdenke, desto mehr erkenne ich, wie diese bereits den Weg zu meinen heutigen Tätigkeiten ebneten.

Ich bin meinen Eltern sehr dankbar, dass sie mich in meiner Fantasiewelt unterstützten und mir die Möglichkeit gaben, meine damaligen Interessen auszuleben. Wir Menschen sind wie Vögel, wir breiten unsere Schwingen aus.

Werden einem Vogel die Flügel gestutzt, kann er nicht mehr richtig fliegen. Lässt man die Flügel hingegen unversehrt, fällt er vielleicht auf die Nase, kann aber aus Fehlern lernen und so wichtige Erfahrungen für sein Leben machen.

Das größte Problem und Hindernis beim Zulassen der Talente sind Ängste und Vorbehalte. Auch mein Lernweg war nicht nur einfach, ich bin auf meinen vielen Reisen (unabhängig von der Dimension) sehr oft und manchmal auch sehr schmerzhaft auf die Nase gefallen. Rückblickend waren diese schwierigen Situationen für mich sehr wichtig, denn sie lehrten mich, für die Zukunft besser gerüstet zu sein und bewusster zu handeln.

Um die Talente zu spüren, ist Geduld entscheidend. Das Universum hat sein ganz eigenes Verständnis von Zeit und Raum. Lernphasen dauern oft länger, als wir uns das vorstellen. Im Zeitalter des Internets meinen wir, alles müsse immer ganz schnell gehen. In der Folge entstehen Stress und Depressionen. Viele kennen den Zustand der inneren Ruhe schon gar nicht mehr.

Meditationen sind deshalb eines der wertvollsten Hilfsmittel, um die eigenen Talente zu erkennen, zu unterstützen, weiterzuentwickeln und zu fördern. Wo und wie diese Meditationen ausgeführt werden, spielt dabei keine so große Rolle. Tageszeit, Sitzposition, religiöser und kultureller Hintergrund sind nicht entscheidend. Meditationen sind nicht anders als das Leben selbst: Sie gedeihen nicht unter Zwang und bleierner Routine. Genau wie der Körper durch gute Nahrung genährt wird, so braucht die Seele viele gute Nährstoffe für ihr spirituelles Wachstum.

Es ist empfehlenswert, vor jeder Meditation in sich hineinzufühlen, um das höhere Selbst zu fragen, welche Techniken oder Visualisierungen angebracht sind.

Anhand der Aurafarben und Chakras kann ich erkennen, welche Talente eine Person hat. Jede Farbe hat eine kreative Bedeutung, jedes Chakra seine Kraft und Schwingung, um den Ausdruck der Talente zu unterstützen. Je häufiger man meditiert, desto besser funktioniert die Verbindung zwischen Intellekt und höherem Selbst. Es ist empfehlenswert, jeden Tag mit den sieben Chakras zu meditieren, um zu spüren, welche aktiv sind und welche sich geschlossen anfühlen. Ist ein Chakra geschlossen, weil es im Moment nicht eingesetzt werden muss, kann man es so belassen. Merkt man jedoch eine Blockade, lohnt es sich, so lange zu meditieren, bis es sich wieder öffnet. Mit einer der Übungen in Teil 4 lassen sich die Chakras reinigen und öffnen.

Hinweise aus zeit- und raumverschobenen Wirklichkeiten können helfen, die Talente zu finden oder zu verstärken. Geistführer stehen uns darin bei. Wissensquellen im Hologramm lassen sich mittels Channeling beim Meditieren anzapfen. Eine dieser Wissensquellen ist die bereits zu Beginn dieses Buches erwähnte intuitive Wolke des Wissens. Besteht Zweifel oder Unsicherheit, ob der eingeschlagene Weg den eigenen Talenten entspricht, gibt es genügend Quellen, um an Informationen zu gelangen. Wichtig ist das Vertrauen in die eigene Intuition und im zweiten Schritt das Umsetzen der empfangenen Hinweise. Vielen fällt das schwer. Zu stark sind mentale Blockaden, Unsicherheiten und Vorbehalte. Es empfiehlt sich, mithilfe der Meditation immer wieder in Verbindung mit dem Universum zu treten und zu spüren, ob man noch auf dem richtigen Weg ist.

Auch eine Auszeit, ein sogenanntes Sabbatical, kann hierbei helfen. Das muss kein ganzes Jahr und auch kein Monat sein. Schon ein Wochenende kann reichen, um wieder mit der Intuition und den Talenten in Verbindung zu treten. Es ist sinnvoll, zwischendurch den inneren Kompass wieder neu zu justieren. Nicht selten ist man von Zweifeln geplagt und hat das Gefühl, auf dem falschen Weg zu sein. Manchmal reichen zwei Tage, um in Ruhe und Entspannung zu ergründen, ob der Weg noch stimmt und was eventuell angepasst werden sollte. Talente sind nur ganz selten an eine konkrete Ausdrucksform gebunden. Vielmehr beziehen sie sich auf eine kreative Grundenergie und nicht unbedingt auf einen ganz bestimmten Beruf.

Meiner Meinung nach ist man auf dem richtigen Weg, wenn man zwischen siebzig und achtzig Prozent der Zeit zufrieden ist mit dem, was man macht. Zweifel und Unsicherheiten gibt es immer, das gehört zum Leben dazu. Solange diese nicht dominieren, dürfte die Ausdrucksform der Talente stimmig sein. Erst wenn die Unzufriedenheit mehr als vierzig Prozent beträgt, empfiehlt es sich, genauer zu ergründen und zu meditieren, ob man noch bewusst genug und richtig mit den eigenen Talenten unterwegs ist.

Die Lebensaufgabe

Eine bewusste Integration der Talente in den Alltag weist den Weg zur Lebensaufgabe. Sie zu leben bedeutet Integrität, mit dem Ursprung der Seele in Verbindung zu stehen. Menschen, die ihre Lebensaufgabe gefunden haben, werden vom Suchenden zum Lebenskünstler, erschaffen aus sich selbst, und sind im wahrsten Sinne des Wortes kreativ.

Mit meinen heute 47 Jahren habe ich noch nie gearbeitet! Das heißt nicht, dass ich untätig war. Im Gegenteil, täglich komme ich meinen Visionen und Aufgaben nach, die mir von meinem höheren Selbst gegeben werden, und folge meiner Berufung, indem ich meine Talente auslebe, und erfülle so meine Lebensaufgabe. Schon während der Schulzeit fiel es mir schwer, mich mit dem vorgegebenen Lernmaterial zu identifizieren. Nicht, weil es nicht nötig wäre, sondern weil es nicht der Grundkraft meiner Lebensaufgabe entsprach. Dennoch war es sehr wichtig, dass ich die Grundregeln der Mathematik, verschiedene Sprachen, Geschichte, Geografie, Physik etc. lernte, um mich auf das Leben in der modernen Gesellschaft vorzubereiten. Auch wenn ich von dem Gelernten nur noch sehr wenig in meinem heutigen Alltag einsetzen kann, so war es doch wichtig, während der Schulzeit Disziplin zu lernen.

Bei allen Wechselfällen des Lebens bin ich überzeugt davon, dass ich weiterhin meinem Talent der Medialität und der Hellseherei folgen werde. In welcher Form genau ich dieser Begabung folge, ist hingegen offen. Sich im Ausdruck der Lebensaufgabe auf eine einzelne Tätigkeit zu beschränken, kann ebenso hinderlich sein wie das Ausweichen. Ich kenne sehr viele »spirituelle Menschen«, die von sich behaupten und überzeugt sind, dass sie den Weg des höheren Selbst gehen. Dennoch schimpfen sie den ganzen Tag und beklagen sich über andere.

In dem, was wir heute als spirituell bezeichnen, gibt es ebenso viel Fanatismus wie in den herkömmlichen Religionen, und nicht selten sind diese sogenannten spirituellen Menschen genauso gefährlich wie Hassprediger.

Das Universum bzw. das Göttliche will, dass jeder von uns so lange und so gut wie möglich seine Lebensaufgabe lebt, und unterstützt uns auch darin. Dem Weg der göttlich intuitiven Eingebung zu folgen, bedeutet indessen nicht, dass der Lebensstil asketisch und bescheiden sein muss. Im Gegenteil, das Göttliche beschenkt seinen Adepten oft mit Reichtum, und dies nicht nur auf philosophischer und kreativer Ebene, sondern auch im materiellen Sinne. Die Idee, dass Spiritualität und der Weg der inneren Führung bescheiden und asketisch sein müssen, findet sich in vielen Köpfen, ist aber falsch. Das Universum und somit auch die Erde besteht aus Fülle und Reichtum. Der Weise weiß, wie diese Fülle aus dem Geistigen in die physische Sphäre integriert werden kann.

Es ist möglich, auf Reisen in zeit- und raumverschobene Wirklichkeiten Inspirationen und konkrete Hinweise für die Lebensaufgabe zu erhalten. Oft dienen diese Informationen dazu, Reichtum anzuziehen.

So wie der Reichtum aus der Fülle der Intuition empfangen wird, so ist es auch wichtig, diesen weiterzugeben. Das Göttliche gibt uns durch zeit- und raumverschobenen Wirklichkeiten »Rezepte«, mit deren Hilfe wir »Mahlzeiten« zubereiten können, die nicht nur uns, sondern auch die Menschen um uns herum sättigen. Was passiert, wenn man sich alleine den Bauch vollgestopft? Man fühlt sich unwohl und wird im schlimmsten Falle krank. Nicht anders verhält es sich, wenn man mit der Fülle des Reichtums geizig umgeht und diesen nur für sich behalten will.

Erfülltheit im Leben

Den ganzheitlichen Weg des höheren Selbst zu gehen, ein Reisender durch Raum und Zeit zu sein, das ist nicht immer einfach. Grenzen müssen gesprengt, Wertvorstellungen relativiert und manche Menschen verlassen werden. Niemand außer dem höheren Selbst kennt den eigenen Weg besser. Vorgegebene Wegbeschreibungen sind Anleitungen, ersetzen aber nicht die Wanderung! Den Mutigen gehört die Welt, Vertrauen in die eigene geistige Führung ist der beste Kompass im Leben.

Soweit ich zurückdenken kann, bin ich fast ausnahmslos den Weg meines eigenen Wesens gegangen. Musste ich mich anpassen, waren die Resultate meistens bescheiden, und ich habe mich nicht besonders erfüllt gefühlt. Hatte ich die Freiheit, aus meiner persönlichen Kreativität zu schöpfen und meinen Visionen zu folgen, spürte ich anhand der Resultate, dass auch mein Umfeld von meiner Kreativität profitierte.

Das Universum war immer großzügig zu mir. Nie hat es mir an etwas gefehlt, und immer erhielt ich die für mich nötige Unterstützung. Vermutlich deswegen, weil ich mich ihm gegenüber niemals verschloss. Wo andere vielleicht umgedreht wären oder den Kontakt vermieden hätten, fing für mich die Herausforderung, der Lernprozess erst an.

Je weiter der Horizont, desto freier die Seele. Ein weiter Blick über ein offenes Meer, ein Spaziergang in den Bergen mit einem offenen Blick über weite Täler, auf einer Wiese stehen und über das Gras blicken, das erquickt die Seele. Die beste Medizin gegen Stress ist die Verbindung mit der Natur. Nicht nur, weil die Natur eine starke Energie hat, sondern wegen der weiten und freien Aussichten. Man stelle sich vor, wie frei sich die Seele erst fühlen kann, wenn sie einen unendlichen Rundblick in sämtlichen Dimensionen hat. Für nichts im Leben würde ich diesen Blick eintauschen wollen.

Zu Beginn meiner medialen Tätigkeiten und bei der ersten Begegnung mit einem meiner Geistführer fragte mich dieser, ob ich den Weg der Intuition und Medialität wirklich gehen wolle. Als ich ihn fragte, warum das nicht der Fall sein sollte, war seine Antwort, dass es auf diesem Weg kein Zurück mehr gebe. Ohne einen weiteren Gedanken zu verlieren, war meine Antwort ein nachdrückliches »Ja«.

Ich muss zugeben, es gab immer einmal wieder Momente, in denen ich an diesem »Ja« zweifelte. Diese waren selten und verschwanden auch schnell. Im Großen und Ganzen bin ich dem Universum oder Gott dankbar, dass mir die Möglichkeit gegeben wurde, diesen Weg zu gehen. Neben meiner hellseherischen Begabung bin ich mir bewusst, dass auch mein persönlicher Mut und mein Durchsetzungsvermögen eine wichtige Rolle spielten, um dort hinzukommen, wo ich heute bin. Intuition und Charakter, spirituelle Intelligenz und rationales Verstehen gehen Hand in Hand: Das alles ist nötig, um zufrieden und erfolgreich den Weg des höheren Selbst zu gehen.

Die angeborenen Talente und Veranlagungen sind Wegbegleiter. Wir müssen uns auf den Weg machen, durchhalten und nicht aufgeben: Es liegt an uns!

Unsere Geistführer geben die nötigen Hinweise, sie stehen uns bei, tragen uns jedoch nicht auf dem Weg. Wir haben Füße, um zu marschieren, ein Hirn, um zu denken, und Muskeln, um diese zu gebrauchen. Die Intuition und das höhere Selbst lenken den leiblichen Körper und kennen das Timing für ihren Einsatz.

Auch vergangene Erfahrungen helfen uns, die Zukunft zu meistern. Und ebenso die Erfahrungen anderer Menschen, anderer Kulturen, ebenso wie Bücher, Dokumentarfilme und Veröffentlichungen in Zeitschriften und Zeitungen. Der erfahrene Lebenskünstler weiß jedoch, wann diese Lektüren auf die Seite zu legen sind, damit die Intuition die Führung übernehmen kann.

Erfülltheit im Leben bedeutet, aus der Fülle des Universums zu schöpfen. Unvoreingenommen darauf zu vertrauen, dass das höhere Selbst weiß, was für uns wichtig ist. Das bedeutet nicht, dass wir alle zu kleinen Egomanen werden. Im Gegenteil! Es führt dazu, dass der Mensch seine Handlungen wieder einer übergeordneten Kraft übergibt. Diese weiß, wie zu handeln ist und welche Entscheidungen für den übergeordneten Plan die richtigen sind. Manchmal bedeutet das, gegen den Strom zu schwimmen.

In unserer Geschichte wurden Menschen zu Vorbildern, die ihrer Intuition vertrauten und ihr folgten. Wie kann es dann sein, dass wir diese bewundern, gleichzeitig aber von Ängsten und Unsicherheiten geplagt der eigenen Seelenkraft nicht folgen?

Unsere geistigen Vorbilder gingen ihren Weg, haben dem kollektiven Druck nicht nachgegeben. Manche von ihnen mussten dafür sogar ins Gefängnis, andere führten ein Leben am Rand der Gesellschaft. Kompromisslos folgten sie ihren Visionen. Heute sind viele dieser Menschen Vorbilder in Politik, Philosophie, Spiritualität oder Kunst.

Wie mein Geistführer so richtig sagte, es gibt kein Zurück! Ich pflichte ihm bei. Dennoch rate ich allen Leserinnen und Lesern meines Buches von ganzem Herzen, der Stimme hinter Raum und Zeit zuzuhören und sich von ihr leiten zu lassen. Es hilft Seele, Herz und Verstand gleichermaßen.

TEIL 4

Übungen und Techniken

Einführung

Die in diesem Teil des Buches vorgestellten Übungen und Techniken beziehen sich auf die einzelnen Kapitel dieses Buches. Du kannst sie parallel beim Lesen dieses Buches machen, um die beschriebenen Erfahrungen oder Erzählungen intuitiv bzw. medial nachzuvollziehen.

Die Meditationen, Übungen und Techniken können auch jederzeit unabhängig vom Buch praktiziert werden, und es empfiehlt sich, mindestens einmal pro Woche die eine oder andere Übung zu machen. Medial intuitive Techniken, die Seelensprache und die Kraft der Intuition sind vergleichbar mit dem Erlernen von Fremdsprachen. Je öfter man eine neue Sprache übt, desto schneller versteht man sie und kann sich in ihr unterhalten. Wichtig ist auch, dass man die Angst vor dem Einsetzen der Sprache verliert.

Ich empfehle, während des Übens ein Tagebuch zu führen, in dem du Symbole, Farben und Bilder der Seelensprache aufschreibst. Das ist dann dein Wörterbuch für die Seelensprache. Zu Beginn der Lernerfahrung mag es manchmal schwierig scheinen, sich immer wieder an die Bedeutung von einzelnen Symbolen zu erinnern oder die unterschiedlichen

Farben einzuordnen und zu interpretieren. Mit der Zeit jedoch wird dies immer einfacher, und du wirst freier, weil das Vertrauen zur eigenen Intuition stark genug ist.

Bei all den Übungen ist es wichtig, dass du dich an einen ruhigen Ort zurückziehen kannst, an dem du nicht gestört wirst. Ich möchte dir nahelegen, dein Handy nicht dabeizuhaben.

Bei den meisten der vorgestellten Übungen spielt es keine Rolle, ob du sitzt oder liegst. Wichtig ist, dass du dich entspannst und wohlfühlst. Versuche, deinen Körper so ruhig wie möglich zu halten.

Ganz wichtig beim Meditieren ist das bewusste tiefe Ein- und Ausatmen.

Atme jeweils durch die Nase ein und durch den Mund aus. Solltest du aus medizinischen Gründen Schwierigkeiten damit haben, kannst du auch nur durch die Nase oder nur durch den Mund atmen. Wichtig ist, dass du dich wohlfühlst und in deiner Atmung entspannen kannst.

Bei jedem Einatmen stellst du dir vor, wie du Licht in deinen Körper einsaugst. Dieses dehnt sich in dir aus und reinigt und entspannt dich innerlich. Je tiefer und ruhiger du atmest, desto stärker expandiert das Licht in dir und reinigt nicht nur deinen physischen Körper, sondern auch deine Aura.

Beim Ausatmen stellst du dir vor, wie du dich von negativen Energien und überflüssigen Gedanken befreist.

Bevor du dich in die Übungen hineinbegibst, ist es ratsam, dass du zuvor zwei bis drei Minuten entspannst, dich beruhigst.

Bei den nun folgenden Meditationen werde ich nicht jedes Mal auf die Grundentspannung eingehen. Diese ist immer gleich. Sollten anderweitige Vorbereitungen oder bestimmte Orte nötig sein, werde ich dies ausdrücklich erwähnen.

Ich wünsche dir viel Spaß mit den Übungen und ein erfolgreiches Einsetzen im Alltag!

Zum Ursprung (Grundentspannung)

Bei dieser Meditation lernst du, die innere Stille zu erfahren, um in Kontakt mit deiner Seelenessenz zu treten. Es geht dabei noch nicht darum, erste Schritte in zeit- und raumverschobene Wirklichkeiten zu machen oder deine Seelensprache verstehen zu können, sondern darum, innere Ruhe und Stille zu erfahren.

Du sitzt oder liegst – wie in der Einleitung erwähnt – ruhig und entspannt an einem für dich stimmigen Ort. Durch tiefes und regelmäßiges Ein- und Ausatmen entspannst du dich und beruhigst Geist, Körper und Aura.

Visualisiere nun eine weiße Wolke, die sich in dir und um dich herum aufbauscht. Es fühlt sich so an, als ob du in einem weichen Wattebausch sitzt oder liegst. Ihre sanfte Energie durchdringt deinen physischen Körper und deine Aura. Du spürst, wie dein Körper transparent wird und du dich in dieser Energie auflöst, eins wirst mit ihr.

Das weiße Licht der Wolke ist mit der Kraft des Universums, des Göttlichen durchzogen. Es reinigt dich und neutralisiert all jene Energien, die dir nicht guttun und die dich auf deinem Lebensweg nicht unterstützen.

Du spürst, wie dein Körper und dein Geist immer weicher, ruhiger und entspannter werden. Deine Gedanken werden immer leiser und fokussieren sich nur noch auf das Hier und Jetzt.

Sollten Gedanken aufsteigen, die nichts mit der Meditation zu tun haben, lässt du diese sanft von dem Licht davontragen, das in und durch dich fließt. Atemzug für Atemzug kommst du absoluter Stille und Harmonie näher.

In diesem Zustand musst du dich um nichts kümmern, musst du dir um nichts Sorgen machen und darfst einfach den Moment genießen und sein.

Bleibe so lange in diesem meditativen Zustand, wie es für dich stimmig ist.

Spürst du, dass du die Meditation beenden möchtest, bewegst du sanft und langsam deine Arme, streckst dich, bewegst deinen Kopf hin und her und öffnest langsam die Augen.

Schau dich jetzt um, beobachte deine Umgebung, während du in deinem Herzen und in deinem Kopf die Ruhe und Stille, den unendlichen Schutz noch etwas nachklingen lässt.

Die Aura, Fotografie der Seele

Während dieser Meditationen lernst du, deine Aura wahrzunehmen, sie zu reinigen und zu schützen.

Entspanne deinen Körper, lasse deine Schultern sinken und spüre, wie die Erdanziehungskraft deinen Körper zur Erde hinabzieht. Die Erde beschützt dich, ihr Magnetfeld heilt dich und die Energien ihrer Elemente (Feuer, Wasser, Luft und Erde) stärken dich. Atme tief und regelmäßig ein und aus – deine Arme und Hände entspannen sich, deine Finger, deine Oberschenkel, Waden und Füße sind entspannt.

Ist dein Körper entspannt, richtest du dein Bewusstsein, dein Gefühl auf deine Energie, die sich um deinen leiblichen Körper herum befindet. Sie ist deine Aura, dein Lichtkörper. Nun konzentrierst du dich auf die Energie um deinen Kopf. Versuche mit deinem intuitiven Auge Farben oder vielleicht auch einfach nur ein Flimmern um deinen Kopf wahrzunehmen. Sobald dir dies möglich ist, gleitest du mit deinem Bewusstsein und deiner intuitiven Wahrnehmung langsam den Körper entlang nach unten.

Während du mit deiner Wahrnehmung nach unten gleitest, visualisiert du immer einen Lichtkörper um den physischen Körper. Egal, ob du diesen Lichtkörper als ein Flimmern oder als Farben wahrnimmst, konzentriere dich zunächst auf deine Wahrnehmung, ohne diese zu hinterfragen oder gleich zu analysieren.

Sobald du an den Füßen angelangt bist, visualisiert du deinen Lichtkörper und deinen leiblichen Körper als eines.

Versuche jetzt zu erkennen, welcher Teil deiner Aura sich etwas schwächer anfühlt als die anderen Teile. Erkennst du eine Schwäche, konzentriere dich auf sie, atme tief ein und sende das Licht dorthin.

Das machst du so lange, bis sich deine ganze Aura stark und gereinigt anfühlt.

Lass dir für diese Übung so lange Zeit, wie es nötig ist.

Im zweiten Teil der Übung geht es darum, dass du deine Aura schützt. Deine Aura zu schützen ist nichts anderes, als ob du deinen leiblichen Körper vor Wettereinflüssen schützt. Denn bevor du nach draußen gehst, ziehst du dich ja auch an, um deinen Körper vor Kälte, Hitze, Regen oder Wind zu schützen. Genauso wichtig ist es, deine Aura gegen Fremdenergien und fremde Emotionen abzuschirmen, die dir nicht guttun und dich blockieren könnten.

Dafür visualisiert du ein goldenes Lichtei um deinen physischen und deinen Aurakörper. Das Lichtei hat ungefähr den Radius von zehn bis zwanzig Zentimetern rund um deinen physischen Körper.

Sobald du das Lichtei um deinen leiblichen und deinen Aurakörper siehst, konzentrierst du dich zwei bis drei Minuten (oder so lange, wie es sich für dich richtig anfühlt) darauf und lässt es sich aufbauen, um deine Aura gut zu schützen.

Spürst du, dass du ausreichend geschützt bist, öffnest du langsam deine Augen und bleibst, um die Übung ganz abzuschließen, mit offenen Augen noch zwei bis drei Minuten sitzen.

Reinigung der Chakras

Während dieser Übung lernst du, deine sieben Hauptchakras zu sehen oder zu spüren. Dies machst du, um sie zu reinigen, zu stärken und zu schützen.

Diese Übung lässt sich sehr gut mit der vorangegangenen Visualisierung der Aura verbinden. Dabei machst du den ersten Teil der vorherigen Übung (bis vor der Visualisierung des Schutzeis) und schließt dann diesen Teil an.

Zunächst es wichtig, dass du weißt, wo sich die sieben Hauptchakras befinden und welche Bedeutung sie haben. Sind sie dir noch nicht vertraut, kannst du dich darüber in meinem Hörbuch *Chakra-Meditation* (Lebensraum Verlag) oder online informieren.

Ich empfehle, die Chakra-Meditation im Liegen zu machen.

Du beginnst die Übung beim ersten Chakra und arbeitest dich langsam bis zum siebten Chakra nach oben. Atme durch die Nase ein und sende den Sauerstoff und die Energie, die du einatmest, zu deinem ersten Chakra. Beim Ausatmen stellst du dir vor, wie du überflüssige und nicht heilsame oder wenig hilfreiche Energien, die sich am ersten Chakra festgesetzt haben, ausatmest. Wiederhole dieses bewusste Ein- und Ausatmen so lange, bis du spürst, dass dein erstes Chakra sauber und ausgeglichen ist. Du wirst intuitiv spüren, wann dies der Fall ist. Ich erkenne, dass ein Chakra sauber ist, wenn es sich entspannt und ruhig anfühlt.

Als Nächstes konzentrierst du dich intuitiv auf das soeben gereinigte Chakra und versuchst zu spüren, welche Informationen es für dich in sich trägt. Vielleicht erkennst du, dass das erste Chakra etwas mehr Aufmerksamkeit von dir benötigt oder einen besseren Schutz.

Als Nächstes gehst du zum zweiten Chakra hoch. Du wiederholst den Ablauf wie soeben beim ersten Chakra.

Vom zweiten Chakra gehst du zum dritten hoch, wiederholst die Übung, gehst zum vierten hoch usw. Schritt für Schritt gehst du so durch die sieben Chakras.

Bist du oben beim siebten Chakra angekommen, machst du eine Nachkontrolle und gleitest mit deiner intuitiven Aufmerksamkeit erneut von oben nach unten durch die sieben Energiepunkte.

Bist du wieder unten angelangt, stellst du dir vor, wie ein Lichtstrahl aus der Erde dringt und in dein erstes Chakra hineinfließt. Das irdische Licht gleitet langsam nach oben durch deinen Körper und füllt jedes deiner sieben Chakras aus. Dies reinigt und schützt sie. Vom Kronenchakra aus verlässt die Erdenergie deinen Körper und entschwindet in den Weiten des Universums. Gleichzeitig fließt vom Universum ein Lichtstrahl in dein siebtes Chakra und gleitet nach unten, wo es jedes einzelne deiner sieben Chakras berührt. Beim ersten Chakra angekommen, verlässt das Licht des Universums deinen Körper und fließt in die Erde hinab.

Auf diese Weise empfängst du gleichzeitig die kosmische Energie des Universums und die Energie von Mutter Erde. Gemeinsam unterstützen diese beiden unterschiedlichen Energien Reinigung, Stärkung und den Schutz aller sieben Hauptchakras.

Diese Übung kannst du so lange weiterführen, bist du spürst, dass deine sieben Energiepunkte gereinigt und geschützt sind. Wie eingangs bereits erwähnt, kannst du jetzt, wenn du möchtest, das Lichtei um deine Aura visualisieren. Deine sieben Chakras befinden sich in der selben Frequenz wie deine Aura und sind durch die Visualisierung des Lichteis somit ebenso geschützt wie dein Energiekörper.

Verknüpfung mit dem Hologramm

Sich mit dem Hologramm zu verbinden bedeutet, das Leben nicht nur drei-, sondern multidimensional zu (er)leben. Im ersten Schritt erkennst du, dass sich in dir Pforten zum Hologramm des Universums befinden. Sinn dieser Übung ist es, diese Pforten zu öffnen.

Die folgende Meditation sollte liegend gemacht werden, und sollte die Umgebung etwas kühl sein, zugedeckt im Bett oder auf einem Sofa.

Entspanne deinen liegenden Körper mit tiefem und regelmäßigem Atmen durch die Nase (falls möglich). Du machst dies so lange, bis du deinen Körper nur sehr untergeordnet bis fast gar nicht mehr wahrnimmst. Gleichzeitig schaltest du die Geschwindigkeit deiner Gedanken so weit wie möglich herunter. Fällt dir das schwer, visualisierst du eine weiße Wolke. Diese Wolke arbeitet wie ein Staubsauger und saugt überflüssige Gedanken auf.

Mit deinem intuitiven bzw. inneren Auge gleitest du danach durch deinen leiblichen Körper. Ob du dies von unten nach oben oder von oben nach unten machst, spielt bei dieser Übung keine Rolle.

Stell dir dann vor, wie du in dir in einen unendlichen Sternenhimmel »nach innen« schaust. Fällt dir das etwas schwer, bleibst du mit deiner Aufmerksamkeit im Körper und erinnerst dich, wie es war, als du das letzte Mal unter freiem Himmel gestanden und den Sternenhimmel angesehen und genossen hast. Sobald diese Bilder lebendig und klar in dir aufsteigen, genießt du die Aussicht.

Lass dich von den Bildern der intuitiven Visualisierung so weit mitziehen, bis du nicht mehr spürst, ob du in oder über dir bist. Du gleitest in dieser Übung aus dem Alltagsbewusstsein und öffnest deine Wahrnehmung dem Hologramm des Universums. Dieses befindet sich nämlich ebenso über wie in dir.

Versuche, diesen Zustand so lange wie möglich bewusst in dir festzuhalten und zu visualisieren. Sollten Gedanken deine Verbindung mit dem Hologramm blockieren, kannst du dir eines der Sternbilder in diesem Universum vorstellen und dich darauf konzentrieren, um deine Gedanken zu fokussieren. Der Fokus auf ein Sternbild hilft dir, den Geist wieder auszurichten und dich nicht in Gedankenspiralen zu verlieren.

Die Schnittstelle zwischen inneren und äußeren Universen ist eine Pforte zum Hologramm. Sobald dein Bewusstsein erkennt, dass die äußere Unendlichkeit des Universums identisch ist mit deiner inneren, öffnest du dein bewusstes Empfinden für das Hologramm.

Du führst diese Übung so lange durch, bis du mindestens zwanzig Minuten in dieser Schnittstelle zwischen innerem und äußerem Universum bleiben kannst, ohne dass ständig Gedankensternschnuppen am Firmament deines inneren Universums vorbeiziehen.

Der zweite Schritt in dieser Übung besteht darin, dass du mit deiner intuitiven Empfindung den Sternenhimmel des inneren Universums nicht nur beobachtest, sondern wie der kleine Prinz aus Antoine de Saint-Exupérys Erzählung zwischen den Sternen umherfliegst, dich ihnen näherst und sie beobachten kannst.

Mit zunehmender Erfahrung wird es dir möglich sein, neben Reisen durch ein Hologramm ebenfalls Sprünge in zeit- und raumverschobene Nebenhologramme (Paralleluniversen) zu unternehmen. Es wird dir nicht nur gelingen, vom dreidimensionalen Universum in ein inneres zu gleiten, sondern durch andere Pforten zu weiteren unabhängigen zeit- und raumverschobenen Hologrammen zu gelangen.

Astralreisen

Bei Astralreisen expandiert das Bewusstsein, um außerkörperliche Erfahrungen zu machen. Ein klassisches Beispiel sind Träume. Aber auch beim Remote Viewing werden Astralreisen eingesetzt. In der folgenden Meditation lernst du, wie diese eingesetzt werden können, um entweder ein bewusstes Ziel anzusteuern oder dich ohne ein solches von deinem höheren Selbst an einen Ort leiten zu lassen, der für dich bedeutsam ist.

Diese Übung kannst du sitzend oder liegend durchführen. Um das Erlebte nicht zu vergessen, bietet es sich an, einen Schreibblock und einen Stift parat zu haben.

Sehr oft macht man während einer Astralreise wichtige Erfahrungen, oder es werden Nachrichten mitgegeben. Wie beim Träumen kann es jedoch passieren, dass man sich einer Nachricht oder des Erlebten nicht mehr richtig erinnert. Dies passiert, da bei tiefen Astralreisen das Bewusstsein in eine höhere Sphäre eintaucht und bei der Rückkehr in das Alltagsbewusstsein Inhalte wieder vergessen werden. Um das zu verhindern, ist es empfehlenswert, das Erlebte gleich nach dem Öffnen der Augen niederzuschreiben.

In deinem entspannten Körper gehst du mit deiner Aufmerksamkeit oder deinem geistigen Auge zu deinem sechsten Chakra hoch und öffnest es. Das funktioniert genauso, wie wenn du am Morgen erwachst und die Augen aufschlägst. Du schaust dich um, erkennst, wer neben dir liegt und betrachtest die Farbe der Zimmerdecke. Beim Öffnen des dritten Auges machst du es nicht anders, du konzentrierst dich auf alle Energien, Farben, Formen oder Räume in zeit- und raumverschobenen Dimensionen, die sich vor dir öffnen. Du beobachtest einfach, was du siehst, unternimmst aber erst einmal nichts. Schau dich ganz ruhig und entspannt um. Vielleicht siehst du eine Landschaft, einen offenen Raum, bestehend aus Farben, oder ein Universum mit Sternen und

Planeten. Was auch immer du siehst, betrachte es und lass es auf dich wirken.

Nun kannst du überlegen, was du während dieser Astralreise gern erleben möchtest. Dabei gibt es zwei Hauptrichtungen: Du nimmst dir vor, ein konkretes Ziel, wie zum Beispiel einen bestimmten Raum (physisch oder nicht physisch), zu besuchen oder Antworten auf Fragen von einem Wesen zu erhalten.

Die andere Möglichkeit besteht darin, dass du es deinem höheren Selbst überlässt, dir zu zeigen, was gerade wichtig für dich ist.

Hast du entschieden, was du machen möchtest, stellst du dir vor, wie du dich aus deinem Körper erhebst und langsam in die Weiten des Universums entschwindest. Du kannst dir vorstellen, wie deine Aura sich ausdehnt und weit hinter Raum und Zeit expandiert. Nun steuerst du dorthin, wo es dich hinzieht.

Sind Astralreisen neu für dich und du fühlst dich noch unsicher, kannst du einen deiner Schutzengel oder Geistführer um Beistand bitten. Du kannst das Wesen auffordern, dich zu begleiten. Vielleicht siehst du es neben dir oder spürst seine Präsenz ohne visuellen Kontakt.

Dass du am Ziel angekommen bist, erkennst du daran, wenn die zeit- und raumverschobenen Realitäten, die an dir vorbeigezogen sind, stillstehen. Das kannst du dir so vorstellen, wie wenn du mit einem Auto eine Landstraße entlangfährst und die Landschaft an dir vorbeiziehen siehst. Wenn das Auto anhält, zieht auch keine Landschaft mehr an dir vorbei; du spürst keine Bewegung mehr und kannst, wenn du möchtest, aussteigen. Der Unterschied hier ist, dass du nirgendwo aussteigen musst.

Bist du angekommen, kannst du dich umsehen. Es kann sein, dass du Wesenheiten siehst, dich in einem Raum, auf einem offenen Feld, einem anderen Planeten befindest oder einem verstorbenen Vorfahren begegnest. Was auch immer sich dir zeigt, nimm es an und genieße den Moment.

Die Erfahrungen während einer Astralreise sind sehr individuell und immer unterschiedlich. Jede hat ihren eigenen Erfahrungswert, bringt neue Begegnungen mit sich und möchte dir für deinen Lebensweg etwas mitgeben.

Es kann sogar passieren, dass dir etwas mitgegeben wird. Informationen können sich auf dich, aber auch auf andere beziehen. Nicht selten nutzen Geistführer von Freunden oder Bekannten die Gelegenheit, um für diese Nachrichten durchzugeben.

Öffne dich unvoreingenommen für jegliche Lernerfahrung. Wie lange diese Momente andauern, lässt sich im Vorfeld nur schwer ausmachen. Das hängt auch von der Erfahrung ab. Du wirst intuitiv spüren, wann der Moment der Rück- oder Weiterreise gekommen ist. Glaubst du zu spüren, dass nichts mehr zu lernen ist, kannst du dein höheres Selbst oder das Wesen, das dich begleitet, fragen, ob es noch weitere Informationen gibt oder ob es das war. Spürst du, dass es abgeschlossen ist, lässt du dich von deinem höheren Selbst wieder führen. Vielleicht zieht es dich wieder in deinen Körper zurück oder du gehst an einen weiteren Ort.

Während einer Astralreise bist du geschützt und musst dir keine Sorgen machen, dass du nicht mehr zurückfinden könntest. Hast du das Gefühl, nicht genau zu wissen, was als Nächstes passiert oder wo du hingehen solltest, halte ein und meditiere, um zu spüren, was als Nächstes ansteht.

Für die Rückreise peilst du deinen Körper wieder an. Du atmest tief und gleichmäßig, streckst die Arme und Beine und bewegst den Kopf langsam hin und her. Lass dir Zeit, setz dich nicht unter Druck und öffne auch nicht gleich die Augen. Wenn du spürst, dass du wieder in deinem Körper bist, genieße ruhig die magischen Momente, die du während der Astralreise erleben durftest.

Öffne nun langsam die Augen. Wenn du möchtest, kannst du das Erlebte und Erlernte aufschreiben.

Deine Seelensprache

Die Seelensprache musst du nicht erlernen, vielmehr musst du dich ihrer wieder erinnern. Dein höheres Selbst kennt die Sprache deiner Seele aus vergangenen Leben und aus den Erfahrungen in zeit- und raumverschobenen Dimensionen. Die Sprache deiner Seele ist mit Informationen geschwängerte Energie. Dein höheres Selbst und dein rationales Alltagsbewusstsein übersetzen diese in eine dir vertraute Symbol-, Bild- oder Wortsprache.

Siehst du während einer Meditation oder Astralreise gewisse Bilder oder Symbole, die du aus deinen Träumen kennst und um deren Bedeutung du weißt, kannst du diese eins zu eins in dein Alltagsbewusstsein übernehmen.

Für die folgende Meditation benötigst du einen Block und einen Stift. Der Block dient dir als Wörterbuch deiner Seelensprache. Bestimmt gibt es bereits das eine oder andere Symbol oder eine Farbe, deren Bedeutung du kennst. Schreib sie auf.

Bist du bei einem Symbol, einer Farbe oder einem Bild nicht ganz sicher, was es bedeutet, kannst du die Augen schließen und dein höheres Selbst fragen. Es kennt die Bedeutung jedes einzelnen Symbols, jeder einzelnen Farbe und jedes Bildes und wird sie dir vermitteln.

Dein Seelenwörterbuch lässt sich so lange weiterführen, wie du möchtest. Wann immer du aufwachst, meditierst und neue Symbole oder Bilder erkennst, visualisierst du sie, um ihre Bedeutung zu erspüren, und schreibst diese dann in dein Wörterbuch. Machst du Astralreisen oder siehst du beim Meditieren neue, dir unbekannte Symbole, Farben oder Bilder, meditiert du jeweils mit jedem einzelnen dieser Elemente und schreibst dir dann seine Bedeutung auf.

Sollte es dir schwerfallen, Bedeutungen und Interpretationen zu spüren, kannst du im Internet oder in Büchern nachlesen, was die einzelnen Symbole oder Bilder bedeuten. In diesem Fall ist es wichtig, dass du eine Informationsquelle suchst, die deiner Zeit und deiner Kultur entspricht. Denn unterschiedliche Zeitepochen interpretieren Symbole anders. Zudem haben wir heute Elemente oder Gegenstände zur Verfügung, die vor zweihundert Jahren noch gar nicht bekannt waren.

Genauso verhält es sich mit Interpretationen aus anderen Kulturen. Ein Schamane am Amazonas oder ein tibetischer

Mönch in einem Kloster haben unterschiedliche Emotionen und Bezugspunkte zu Farben und Symbolen. Aus diesem Grund ist es von Vorteil, Texte von Autoren zu suchen, die der eigenen Kultur entsprechen.

Stößt du auf einer Astralreise auf Unverständliches und Unbekanntes, bitte dein höheres Selbst um Übersetzung. Fühlst du dich während der Astralreise sicher genug, kannst du nach einzelnen Beratungen mit dem höheren Selbst oder einem Lichtwesen kurz die Augen öffnen, um die Bedeutungen niederzuschreiben. So verhinderst du, dass die Informationen vergessen werden. Nachdem du das Nötige aufgeschrieben hast, schließt du die Augen wieder und machst dort weiter, wo du gewesen bist.

Das Seelensprachen-Wörterbuch führst du so lange, wie du möchtest. Auch kannst du gewisse Symbole oder Farben in ihrer Bedeutung immer wieder ergänzen, solltest du plötzlich weitere Informationen dazu erhalten.

Ab einem gewissen Punkt spürst du, dass du kein Wörterbuch mehr brauchst. Nicht weil du alles weißt, sondern weil dein Vertrauen in deine Seelensprache und damit zu deinem höheren Selbst so tief ist, dass du ohne die Hilfe des Buches Bedeutungen erschließen kannst.

Kommst du im Alltag während eines Gesprächs mit jemandem an einen Punkt, wo du eine Aussage nicht verstehst, bittest du die Person, das soeben Erzählte so zu umschreiben, bis du es verstehst, gegebenenfalls auch mehrfach. Bei der Seelensprache ist es genauso: Siehst oder spürst du ein Symbol, dessen Bedeutung du nicht kennst, gibt es die Möglichkeit, das höhere Selbst oder das Lichtwesen, das bei dir ist, zu bitten, das nicht verstandene Symbol zu be- oder zu umschreiben, und zwar so lange, bis du spürst und weißt, was es bedeutet. Keine Angst, die geistige Welt ist unendlich geduldig!

Eine Übung vom Schamanen Manuel Alvarado Quispe, um den Energie- und Aurakörper zu reinigen

Folgende Übung stammt vom bolivianischen Yatiri (Schamane), über den ich bereits berichtet habe. Mit ihr lässt sich der emotionale Körper reinigen.

Wenn du dich mit vielen negativen Energien belastet fühlst und traurig bist oder weinen möchtest, gehe in die Natur. Spaziere ohne Schuhe über das Gras, lass deine Trauer und die zugrunde liegenden Energien los. Übergib deine Trauer Mutter Natur, befreie dich von emotionaler Schwere. Umarme einen Baum, und übergib ihm deine Schmerzen und deine Trauer. Er heilt dich!

Die Verbindung mit der Natur ist wie eine Dusche für den Energiekörper. Sie entspannt aber auch den physischen Körper; Leiden wie Kopfweh und andere Schmerzen können so aufgelöst werden.

Das Manifestieren von Absichten

In dieser Meditation lernst du, Wünsche und Absichten in deinem Alltag zu manifestieren.

Bevor du dich hinsetzt oder -legst, ist es wichtig, dass du dir überlegst, was du manifestieren möchtest. Je konkreter die Vorstellung, je klarer das Ziel, desto schneller und effizienter kann ein Wunsch bzw. eine Absicht manifestiert werden.

Um die Übung zusätzlich zu unterstützen, kannst du zur Einleitung dieses Rituals die Meditation der Verknüpfung mit dem Hologramm durchführen (s. S. 227).

Nachdem du die ersten Schritte der Vertiefung in eine entspannte Meditation durchgeführt und vielleicht sogar die Verknüpfung mit dem Hologramm vollzogen hast, lenkst du deine intuitive Aufmerksamkeit zu deinem dritten Auge. Öffne dies, wie du es in der Übung zur Astralreise gelernt hast.

In deinen Gedanken formulierst du die zuvor festgelegte Absicht oder den Wunsch sechs Mal. Wiederhole den Satz langsam und konzentriert. Mit jedem Rezitieren dieses mantraähnlichen Gedankens sendest du diesen aus deinem sechsten Chakra ins Universum. Zwischen jedem Satz machst du eine kurze Pause und bittest das Universum, dass es dir helfen möge, die Absicht oder den Wunsch umzusetzen.

Nach sechsmaligem Wiederholen und dem Aussenden deiner Absicht oder deines Wunsches schließt du mit einem Dankgebet ans Universum ab. Welches Gebet du dafür verwendest, ist dir überlassen.

Löse die Konzentration vom dritten Auge und lenke deine Aufmerksamkeit nun auf deinen leiblichen Körper. Sobald es sich für dich stimmig anfühlt, kannst du deine Augen langsam öffnen und das Ritual abschließen.

Wichtig ist, dass du nach der Zeremonie nicht ununterbrochen an deinen Wunsch oder die Absicht denkst. Überlasse es dem Universum, den Wunsch oder die Absicht so Gestalt annehmen zu lassen, wie es für dich am besten ist. Diese Übung und das Manifestieren benötigt Vertrauen und Geduld. Je nach Umstand kann es sein, dass das Gewünschte sich in kürzester Zeit manifestiert. Wenn allerdings der Zeitpunkt noch nicht gekommen ist, kann die Umsetzung auch etwas dauern. Das Universum kennt den geeigneten Zeitraum und die besten Umstände, um deinen Wunsch Gestalt annehmen zu lassen. Im Universum besteht ein ganz anderes Verständnis von Raum und Zeit als bei uns auf der Erde. Das Universum richtet sich nicht nach dem menschlichen Zeit- und Raumverständnis, sondern nach dem, was für alle gut ist.

Den Wunsch oder die Absicht zu oft zu wiederholen, würde nur dazu führen, dass du nervös und unruhig wirst und deine Ansprüche und Erwartungen zu hoch oder in eine falsche Richtung gehen würden. Die Magie im Leben manifestiert sich oft auf unerklärliche Weise, das gilt auch für die Art und Weise, wie Wünsche und Absichten wahr werden. Auch mich erstaunt das immer wieder. Enttäuscht wurde ich aber vom Universum noch nie!

Manifestierte sich ein Wunsch oder eine Absicht nicht, habe ich bei genauerem Analysieren fast immer erkannt, dass mein Wunsch oder die Absicht für mich nicht stimmig waren. Wir alle haben die Tendenz, zu viel und zu schnell zu wollen. Manchmal ist weniger und langsamer besser. Dafür kann das Erlebte intensiver erfahren werden. Nicht die Quantität, sondern die Qualität der Erfahrung bleibt uns in Kopf und Herz verhaftet.

Remote Viewing

Für die folgende Übung benötigst du etwas Vorbereitungszeit. Überlege dir erst, welchen Ort oder welche Person du gern mit dieser Technik besuchen würdest. Remote Viewing (in die Ferne sehen) erlaubt dir, zeit- und raumverschobene Dimensionen sowie andere Orte auf der Erde zu besuchen.

Um einfach und schnell bestätigen zu können, wie real deine Bilder während der Übung waren, möchte ich dir empfehlen, einen Raum auszuwählen, den du später aufsuchen kannst, oder eine Person intuitiv zu besuchen, die du fragen kannst, ob das von dir Gesehene richtig ist.

Wenn es für dich wichtig ist, kannst du die Person, die du besuchen möchtest, im Vorfeld informieren. Um möglichen Visionen gegenüber unvoreingenommen zu sein, empfehle ich, einen Raum auszuwählen, den du noch nicht kennst. Handelt es sich um eine Person, solltest du bei der Übung nicht wissen, wo genau sich diese befindet oder was sie gerade macht. Je weniger du insgesamt weißt, desto besser!

Nach dem Festlegen des Zieles besorgst du dir einen Block und einen Stift. Da du während der Meditation Notizen machst, etwas zeichnest oder skizzierst, ist es besser, diese Übung an einem Tisch zu machen. Sobald die Vorbereitungen abgeschlossen sind, setzt du dich auf einen Stuhl. Achte darauf, dass du bequem sitzt und zwanzig bis dreißig Minuten ungestört arbeiten kannst. Block und Stift liegen vor dir und sind einsatzbereit.

Zum Einstieg kannst du die Chakra-Reinigungsmeditation machen (s. S. 225). Bist du entspannt und startklar für die eigentliche Remote-Viewing-Übung, konzentrierst du dich auf die Person, die du visualisieren willst, bzw. den Raum, den du besuchen möchtest.

Manifestiert sich die Person oder der Ort vor deinem geistigen Auge, öffnest du dich sämtlichen sinnlichen Eindrücken. Tauchen erste Eindrücke auf, öffnest du die Augen und schreibst, zeichnest, skizziert und umschreibst, was auch immer du siehst, spürst, hörst, fühlst oder riechst.

Obwohl die Technik Remote Viewing heißt, wird mit sämtlichen intuitiven Sinnen gearbeitet. Schreibe oder skizziere die erhaltenen Eindrücke so lange, bis du das Gefühl hast, dass der Informationsfluss abnimmt. Kommt nichts mehr, muss die Übung noch nicht fertig sein. Es ist sehr wohl möglich, dass nach einer weiteren Entspannungsübung neue Informationen fließen.

Ergänzend kannst du dein höheres Selbst zur Person oder zu dem Ort befragen. So kannst du herausfinden, ob sich an dem Ort, den du visualisierst, Menschen befinden und ob es viele oder wenige sind. Du kannst dich nach speziellen Merkmalen erkundigen, ob es Gerüche gibt oder ob sich der Raum in einem großen Gebäude oder kleinen Haus befindet.

Arbeitest du mit einer Person, kannst du fragen, ob diese alleine ist, ob sie sitzt oder steht etc. Deiner intuitiven Kreativität sind fast keine Grenzen gesetzt.

Spürst du, dass die Übung abgeschlossen ist, entspannst du dich, reinigst deine Aura und schützt sie. Du willst schließlich nicht, dass etwas an dir hängenbleibt.

Entweder besuchst du den Ort, den du visualisiert hast, gleich nach der Übung oder zu einem passenden Zeitpunkt, oder du kontaktierst die betreffende Person.

Nun vergleichst du deine intuitiven Eindrücke mit der »realen« Situation und versuchst abzuschätzen, mit welchen intuitiven Sinnen es dir am leichtesten fiel und wo es Schwierigkeiten gab. Nicht alle intuitiven Sinne sind gleich stark ausgeprägt, und je bewusster man erkennt, welche Sinne stark sind, desto besser können diese eingesetzt werden.

Zu Beginn empfehle ich dir, diese Übung mindestens dreimal pro Woche durchzuführen. Sind die Resultate der oben beschriebenen Grundübung zufriedenstellend, kannst du weitere, etwas kompliziertere Übungen machen.

Neben Remote-Viewing-Visualisierungen im selben Zeitfenster kannst du versuchen, andere Zeitfenster zu besuchen. So kannst du meditieren, um erkennen zu können, welche Schlagzeile es in genau einer Woche in deiner Tageszeitung auf die Titelseite schafft. Oder du machst ein Remote Viewing zu einer Besprechung in der Zukunft, um zu sehen, wie die Räumlichkeiten sein werden, in der diese stattfindet oder wie viele Teilnehmer anwesend sein werden.

Je öfter du diese Technik wiederholst, desto mehr Vertrauen wirst du aufbauen und desto präziser werden deine Visualisierungen!

Prophezeiungen

In der Prophezeiungsmeditation geht es darum, dass du dir eine Situation aus der Zukunft vorstellst, ohne diese mit deinen Erwartungen, Wünschen oder Vorstellungen zu beeinflussen. Diese Übung ist eine sehr sachliche und emotional distanzierte Technik. Das Schwierige bei Prophezeiungen ist, dass man sich von Hoffnungen oder Wünschen nicht unterbewusst beeinflussen lässt und so das Ergebnis verfälscht. Dies ist natürlich nicht der Fall, wenn es sich bei deiner zu visualisierenden Situation um etwas Kollektives (etwa eine gesellschaftliche Entwicklung) handelt. Möchtest du jedoch die Prophezeiung zu einer Person oder in Bezug auf dich selbst visualisieren, kann es sein, dass sich deine Energien und gewisse Erwartungen vermischen und dadurch Einfluss ausüben.

Wie bei der Remote-Viewing-Übung musst du hier eine Situation aus der Zukunft auswählen. Eine mögliche Prophezeiung könnte zum Beispiel der Ausgang einer Besprechung sein. Stehen Wahlen an, kannst du versuchen, eine Prophezeiung über deren Ausgang zu machen. Weißt du über eine mögliche Fusion in der Wirtschaft Bescheid, kannst du eine Prophezeiung visualisieren, um zu erkennen, ob diese Fusion stattfinden wird oder nicht.

Ziele für Prophezeiungen gibt es nahezu unbegrenzt. Speziell zu Beginn empfiehlt sich ein Thema, das dich auch persönlich interessiert. Hast du eine Situation ausgewählt, begibst du dich in eine für dich bequeme Meditationshaltung. Wenn du möchtest, kannst du auch hier wie bei der Remote-Viewing-Meditation (s. S. 239) an einem Tisch sitzen, mit Block und Stift vor dir, um das Gesehene gleich nach der Übung aufzuschreiben.

Tauche in die Meditation ein, sodass du so entspannt wie möglich wirst und deine Intuition, so intensiv es geht, aktiviert wird. Bist du entspannt und ist der intuitive Fokus aktiviert, konzentrierst du dich mit deinem höheren Bewusstsein auf die Situation, um die es geht. Wenn du möchtest, kannst du diese Übung mit einer Astralreise ergänzen.

Tauchen erste Eindrücke und Bilder auf, öffne dich ihnen und nimm sie an. Ganz wichtig ist, dass du sie nicht hinterfragst und dich nicht von Erwartungen beeinflussen lässt. Nimm unvoreingenommen und ohne Emotionen und Erwartungen alle Bilder auf, die sich dir zeigen.

Wenn du möchtest, kannst du zwischendurch Bilder und Eindrücke aufschreiben. Hast du das Gefühl, dies sei nicht nötig, lässt du die Augen so lange geschlossen, bis du merkst, dass keine weiteren Eindrücke mehr auftauchen und die Vision zu Ende ist.

Schreibe am Ende sämtliche Eindrücke und Bilder auf.

Vergleiche später deine Bilder mit dem, was wirklich passiert ist. Du wirst erkennen, wo du richtig gelegen hast und wo nicht. Auch wirst du durch Erfahrung lernen, welche Einflüsse dich von deinen Prophezeiungen und intuitiven Bildern abbringen. So kann es sein, dass du zu emotional in die Bilder tauchst und deine Gefühle dich beeinflussen. Oder du lernst, dass ein bestimmtes Gebiet, wie zum Beispiel Sport oder Wirtschaft, dich zu wenig interessieren und deswegen deine Vorhersagen nicht so präzise sind. Deine Visionen zu Themen, die dich persönlich interessieren, werden hingegen klar und treffsicher sein. Je länger und je mehr du übst, desto präziser werden deine Prophezeiungen.

Mit dem Talent in Kontakt treten

Talente wurden uns als Begabung in die Wiege gelegt, in unser Leben mitgegeben. Ein Suchender, eine Suchende findet seine oder ihre Bestimmung, wenn die Talente an die Oberfläche des Unterbewusstseins gebracht und im Alltag als Berufung ausgelebt werden. Die folgende Übung dient dazu, Suchende in Kontakt mit ihrer Bestimmung zu bringen und Fortgeschrittene dazu zu ermuntern, diese zu verfeinern.

Diese Übung wird am besten im Liegen gemacht. Die Einstiegstechnik für diese Meditation überlasse ich dir. Nachdem du dich entspannt hast, atmest du sechsmal tief ein und aus und lenkst deine Aufmerksamkeit auf dein drittes Auge. Öffne dieses in der Weise, die du bereits in den Übungen zuvor gelernt hast. Wie auch in der Übung zur Astralreise (s. S. 229) dehnst du dein Bewusstsein aus und verlässt deinen Körper.

Du versuchst, in dein Unterbewusstsein einzutauchen, um dich über erste Kindheitserinnerungen mit deinen frühen Interessen in Verbindung zu setzen. Die meisten Kinder fühlen sich in ihrer kindlichen Intuition und ihrer Verbundenheit mit dem höheren Selbst automatisch mit ihren Talenten verflochten. Wie am Anfang dieses Buches erwähnt, spürte ich in meiner Kindheit und Jugend, ohne mir dessen voll bewusst zu sein, schon meine Veranlagungen.

Lass dich von deinem höheren Selbst führen, es kennt das Ziel. Richte den inneren Kompass deiner Reise immer wieder so aus, dass du – einem Mantra ähnlich – als Ziel wiederholst: Bring mich mit jenen Momenten meiner Kindheit in Verbindung, die mir etwas über meine Talente zeigen.

Lass dich so weit treiben, bis du spürst, dass du angekommen bist. Mit größter Wahrscheinlichkeit tauchen Bilder vor deinem geistigen Auge auf, die aus deiner Kindheit stammen und dich mit Interessen und kreativen Gedanken verbinden. In dieser Bewusstseinsebene fragst du dein höheres Selbst, welchen Aktivitäten es am liebsten nachgehen würde. Sprich mit dem höheren Selbst deines inneren Kindes und frage es, was seine Interessen oder Träume für das kommende Leben sind. Tauchen Bilder und Interessen auf, merke dir diese und frage dein inneres Kind, wie es mit diesen gerne arbeiten würde. Am Ende kannst du in diesem Zustand für dich ergründen, wie weit dein aktuelles Leben von deinen ursprünglichen Wünschen und Ausrichtungen entfernt ist.

Je nachdem, wie gut diese Technik für dich funktioniert, kannst du das innere Kind fragen, ob es Hinweise für dich hat, wie es sein Leben als Erwachsener gerne leben möchte. Du kannst gleichzeitig mit deinem inneren Kind und deinem Erwachsenenbewusstsein kommunizieren, um zu erkennen, was du konkret im Alltag tun kannst, um das zu verwirklichen, was deinen Talenten entspricht.

Spürst du, dass du bereits deinen Begabungen gemäß lebst, kannst du dein inneres Kind fragen, ob es dir Hinweise und Anregungen gibt, wie du diese noch vertiefen und stärken kannst.

Vielleicht spürst du, dass du gerade in absoluter Harmonie mit deinen Talenten bist und dein kreativer Ausdruck optimal ist. In diesem Fall kannst du dich bei deinem inneren Kind bedanken, dass es dir in deinem Alltag und deiner Berufung so liebevoll zur Seite steht.

Erkennst du, dass der Austausch mit deinem inneren Kind für den Moment abgeschlossen ist, bedankst du dich bei ihm und verabschiedest dich. Hole dein Bewusstsein wieder in deinen Körper und damit in die gegenwärtige Realität zurück. Öffne die Augen, und schreibe das Erlebte auf, wenn dir danach ist.

Telepathie

In der Telepathie-Meditation lernst du, wie du Informationen im Sinne von Emotionen oder konkreten Gedanken einer anderen Person zusendest. Aus verständlichen Gründen benötigst du für diese Übung einen Partner oder eine Partnerin.

Ihr benötigt zwei Stühle oder Meditationskissen und setzt euch einander gegenüber. Bestimmt, wer von euch zuerst der Sender ist und wer der Empfänger. Die Aufgabe des Senders ist es, dem Empfänger Informationen in Form von konkreten Gedanken oder Emotionen zu übermitteln. Der Empfänger muss nichts anderes machen, als sich dem Gegenüber zu öffnen und die Informationen aufzunehmen.

Ist dies festgelegt, schließt ihr eure Augen. Gemeinsam taucht ihr durch eine von euch ausgewählte Meditationstechnik in euer höheres Selbst ein, um zu entspannen und in Kontakt mit der Intuition zu treten. Ihr öffnet beide euer drittes Auge und visualisiert einen hellen Informationslichtstrahl, der aus dem dritten Auge strömt und sich mit dem Informationslichtstrahl des Gegenübers verbindet. Spürt ihr die Verbindung, lasst ihr dies den Partner verbal wissen. Seid ihr beide so weit, könnt ihr mit der Übertragung beginnen. Dabei überlegt sich die sendende Person eine Information oder Emotion, die sie dem Empfänger zukommen lassen möchte. Ist diese festgelegt, wird sie dem Gegenüber mithilfe des Lichtstrahls durch das dritte Auge übermittelt. Der Empfänger achtet nun auf Veränderungen in seinen Gefühlen oder Gedanken. Sobald erste Empfindungen wahrgenommen werden, teilt der Empfänger verbal mit, welche Empfindungen oder Informationen wahrgenommen werden.

Der Sender bestätigt die Richtigkeit oder das Nichtzutreffen.

Diese Übung ist sehr anspruchsvoll und benötigt einiges an Erfahrung und Übung. Klappt es zu Beginn nicht, lasst euch nicht verunsichern und übt weiter. Ähnlich wie bei der Übung zu Prophezeiungen kann es auch hier sein, dass ihr merkt, dass bestimmte Themen einfacher sind als andere. Konzentriert euch auf Themen oder Informationsformen (Farben, Nummern, Bilder), für die ihr empfänglicher seid.

Eine andere Möglichkeit, um diese Technik zu üben, besteht in der Arbeit mit den Chakras. In diesem Fall beginnt ihr beim ersten Chakra und arbeitet euch nach oben. Die Person, die sendet, konzentriert sich auf Emotionen oder Eindrücke, die zum ersten Chakra des Partners gesendet werden. Die empfangende Person teilt ihre Empfindungen verbal mit, und ihr vergleicht.

Seid ihr mit der Übung durch, unabhängig davon, welche Variante ihr gewählt habt, wechselt ihr. Nun wird der Sender zum Empfänger und umgekehrt.

Im Einklang mit dem höheren Selbst

Mit dieser Abschlussmeditation bringst du dich in Kontakt mit deinem göttlichen höheren Selbst. Du wirst eins mit dem Universum, löst deine individuelle Wahrnehmung so weit wie möglich auf und öffnest dich dem Kosmos mit all seinen raum- und zeitverschobenen Wirklichkeiten!

Lege dich dazu auf ein Bett oder Sofa, auf dem du entspannt und so lange du möchtest liegenbleiben kannst. Schließe deine Augen, und atmete zwölfmal tief ein und aus. Mit jedem Einatmen ziehst du goldenes Licht in deinen Körper. Du lässt es in deinen leiblichen und in deinen Energiekörper fließen, lässt die Aura sich ausdehnen. Die Kraft des Lichts erfüllt deinen Körper bis ins letzte Atom mit der Urkraft des Göttlichen. Beim Ausatmen befreist du dich von überflüssigen Gedanken und Energien, die dir nicht guttun. Dein Körper wird entspannt, deine Aura gereinigt und dein Geist ruhig. Dein Atmen wird regelmäßig und entspannt.

Atme in dieser Regelmäßigkeit so lange weiter, bis nichts mehr an Gedanken oder Anspannungen dich von deiner Hingabe an dein göttliches höheres Selbst abhält.

Hast du diesen Zustand erreicht, konzentriere dich auf deine Aura und stelle dir vor, wie diese goldgelb wird. Dehne deine Aura zunächst im ganzen Zimmer aus, danach im Haus, darüber hinaus und schließlich ins gesamte Universum.

Du spürst, wie sich dein leiblicher Körper in dieser Einheit und Harmonie fast auflöst, ja immer transparenter wird.

Dein persönliches »Ich« wird immer unwichtiger, dein göttliches höheres Selbst nimmt mehr und mehr Raum ein.

Wenn du möchtest, kannst du ein vertrautes Mantra oder Gebet rezitieren. Es hilft dir dabei, noch bewusster mit dem Urgöttlichen in Kontakt zu treten.

Visualisiere das unendliche Universum in dir und um dich herum. Dein Körper existiert höchstens noch in Form einer transparenten Hülle. Wenn du möchtest, kannst du deine Schutzengel zu dir rufen, einen verstorbenen Ahnen, Geistführer oder ein außerirdisches Wesen, das dich auf deinem Lebensweg begleitet und dem du zu unendlicher Dankbarkeit verpflichtet bist. Du hast die Möglichkeit, dich bei diesem Lichtwesen zu bedanken.

Du bist Teil der göttlichen Familie im Hologramm des Universums, mit seinen raum- und zeitverschobenen Dimensionen.

Hast du Wünsche, kannst du diese dem Universum übergeben. Möchtest du ganz einfach deine Dankbarkeit zum Ausdruck bringen, so ist dies der beste Moment. Möchtest du nichts anderes als die Stille und Harmonie in dieser Unendlichkeit genießen, so mache das. Dieser Moment der Einheit ist Balsam für die Seele. Hier ist Heilung möglich! Bleibe so lange in diesem Zustand, wie es sich für dich richtig und stimmig anfühlt. Es ist dir stets erlaubt.

Wann immer du möchtest, verbindest du dich wieder mit deinem leiblichen Körper und dem Alltagsbewusstsein. Atme beim Zurückkommen tief und regelmäßig ein und aus, und strecke deine Arme, bewege den Kopf langsam hin und her und öffne die Augen.

Du bist ein Teil von Gott, das Göttliche ist in dir und alles ist möglich! Du bist weder durch menschliche Gesetze und Werte begrenzt noch durch Gott! Das Universum mit seinen zeit- und raumverschobenen Realitäten ist grenzenlos. In all seinen Aspekten.

Epilog

Der Weg durch Raum und Zeit, ohne Grenzen und vorgegebene Wege, ist in der Vielfalt des Hologramms ein Wagnis. Nicht jeder Weg führt nach Rom, weil es Rom auf diesen Reisen als Ziel nicht gibt, jeder Moment ist Rom! Die Wege führen dorthin, wo die Seele uns haben möchte. Es gibt diese Bestimmung, aber es gibt auch unseren freien Willen. Mit ihm werden wir zum Schöpfer unserer eigenen Zukunft. Dabei ist es nicht nötig, immer alles zu verstehen. Im Gegenteil, wer dem Weg der Intuition folgt, für den oder die spielt abstraktes Wissen keine Rolle mehr.

Gibt es Momente, in denen ich an mir zweifle? *Ja!*

Habe ich manchmal das Gefühl, »normal« zu sein wäre einfacher? *Ja!*

Mache ich mir Gedanken, weshalb gerade ich die Begabung der Hellseherei erhalten habe? *Ja!*

Würde ich irgendetwas ändern wollen? *Nein!*

Bereue ich etwas in meinem Leben? *Nein!*

Jeden Tag bedanke ich mich beim göttlichen Universum dafür, dass ich die Möglichkeit hatte, diesen Weg zu gehen. Ob dies nun so kam, weil ich im vergangenen Leben irgendwas Gutes tat, oder alles ein Einfall des Universums war, spielt für mich keine Rolle. Ich folge einem Drehbuch, dessen Anfang und Ende ich nicht kenne – und auch nicht kennen muss. Weil ich darauf vertraue, dass mein inneres Selbst genau weiß, warum ich wann was tun soll. So schwierig es meinem Umfeld manchmal auch fällt, zu ermessen, was genau ich tue: Mein Handeln stützt sich voll und ganz auf meine Intuition und mein inneres höheres Selbst. Es mag nicht immer allen gefallen, und viele mögen es auch verurteilen, doch das ist mir egal, solange ich spüre, dass ich das Richtige tue.

Zeit- und raumverschobene Reisen öffnen den Geist. Sie lassen einen nicht alles erkennen und verstehen, dafür kann man erlebte Situationen jedoch viel intensiver und bewusster wahrnehmen.

Den Weg des hören Selbst zu gehen, bedeutet nicht, dass alles nur noch Liebe und Licht ist. Im Gegenteil: Jene Emotionen, Handlungen und Momente, die man nicht unbedingt gern hat und die man sich nicht wünscht, werden klarer, und man kann sie schlussendlich annehmen. Den Weg des Göttlichen zu gehen, bedeutet, das Leben von einer höheren Warte aus zu sehen und als Teil eines größeren Ganzen zu verstehen.

Dem Weg der Seele bewusst zu folgen, lässt Magie zu. Der Beruf wird zur Berufung, jeder Tag lebt sich wie in einer Abenteuererzählung. Es wird so verstanden, dass wir nicht nur in der uns bekannten Dimension leben, sondern fast uneingeschränkten Zugang zu zeit- und raumverschobenen Wirklichkeiten haben. Aus diesen lässt sich schöpfen, was im Leben weiterhilft.